슬픈시를 읽는 밤

미래시선 130
슬픈시를 읽는 밤

· 지은이 | 노창수
· 펴낸이 | 임종대
· 펴낸곳 | 미래문화사

· 찍은 날 | 2003년 9월 25일
· 펴낸 날 | 2003년 10월 1일

· 등록 번호 | 제3-44호
· 등록 일자 | 1976년 10월 19일
· 주소 | 서울시 용산구 효창동 5-421
· 전화 | 715-4507 / 713-6647
· 팩시밀리 | 713-4805

· Homepage | www.mrbooks.co.kr
· E-mail | miraebooks@korea.com
　　　　　 mirae715@hanmail.net

ⓒ 2003, 미래문화사
· ISBN | 89-7299-269-0 03810

· 정가 | 6,000원

* 잘못 만들어진 책은 본사나 서점에서 바꾸어 드립니다.
* 저자와의 협의하에 인지는 생략합니다.

슬픈시를 읽는 밤

노창수 시조집

미래시선 130

미래문화사

책 머리에

시조, 그 극기의 노래 앞에

　무등無等을 바라보며 기지개를 품어 올린다. 일상의 규칙처럼 새벽 산을 찾는 사람들 틈에 한 줄 메아리도 남겨 본다. 끈끈히 묻어나는 세상의 취기를 신선한 이슬로 씻어내고 진하디 진한 산음山陰을 삼킨다. 그건 삶의 강을 헤쳐 가는 정신의 노를 다듬는 일일 게다.
　이제 눈앞에 문득 무등이 다가선다. 거기엔 사람들의 눈물이, 세상을 바쁘게 천착하며 흘린 땀이, 그리고 사랑하는 이의 가슴처럼 빨갛게 젖어 오는 짙은 일출이 있다.
　시어로는 다 풀리지 않은 문학의 숙명을 딛고 이제사 한 많은 이 극기의 시 앞에 서게 됨을 아무에게든 용서받을 차례가 되었나 보다. 그러나 시조라는 깊은 정서의 강물에 이제 겨우 발목만을 적시는 셈이다. 헤엄쳐 나갈 저편 강둑은 먼데 어찌할까. 막연한 두려움이 앞선다.

이제 더 부지런히 산을 오르며 눈부신 강을 헤엄쳐갈 예비의 힘을 길러야겠다. 그게 면면한 정서와 가락의 흐름 속에 하찮게 지나버려도 좋을 이 한 사람을 늘 단단하고도 정겨운 끈으로 당겨주신 분들께 대한 보답이리라.

          나뭇잎 지는 언덕에서
          2003년 10월 1일
          노 창 수 씀

차례

책머리에 | 시조 그 극기의 노래 앞에 · 4

슬픈시를 읽는 밤 · 1

편지를 봉하며 · 13
할머니의 수繡 · 16
벼를 베며 · 17
난초 · 18
여름 바람 · 19
불 · 20
극락강변의 추억 · 21
해빙解氷 · 22
난蘭의 안부 · 23
대리석 · 24
맨드라미 · 1 · 25
맨드라미 · 2 · 26
떡을 빚으며 · 27
우리 풀잎을 걸고 · 28
선생님의 사랑 · 29
슬픈시를 읽는 밤 · 30
망월동에서 · 31
구슬풀과 달개비 · 32
사랑 · 33
운남리에서 · 34
종이배 · 35
겨울 채비를 하며 · 36
빨래 · 37
바닷가 노인 · 38

2 · 휴일 서재에서

41 · 별 아래
42 · 청산에 들어
43 · 밤비
44 · 목탁
45 · 대장간의 밤
46 · 휴일 서재에서
47 · 지등紙燈
48 · 비석
49 · 항아리
50 · 콩나물 · 1
51 · 콩나물 · 2
52 · 새벽 이슬
53 · 북소리
54 · 산 속에 누워
55 · 떡 치기
56 · 이무기는 죽었다
58 · 새벽에
59 · 요즈음 나의 시
60 · 산수유
61 · 소나기
62 · 씨앗의 기다림
63 · 목발
64 · 지우개
65 · 용설란

겨울 피난 캠프의 추억 · 3

해바라기 · 69
남은 이야기 · 70
세상에 단단한 것이 없다 · 71
삽 · 73
귀뚜라미 · 74
신김치를 먹으며 · 75
겨울 피난 캠프의 추억 · 76
구두 · 78
바구니 · 79
절을 배우며 · 80
짜깁기 · 81
단추를 달며 · 82
귀 · 83
게 · 84
반 파쇼 여자에게 · 85
시조의 앞날을 위한 기도 · 86
굴렁쇠 굴리기 · 87
겨울 산수화 · 88
그리움 · 90
잔盞 · 91
멧돌 · 92
연서戀書 · 93
쥐치포를 사면서 · 94

4 · 꽃잎 지는 날

97 · 여름밤 마당에서
98 · 할아버지제삿날에
100 · 거울
101 · 연못
102 · 우리들의 시간
103 · 시래기
104 · 팔굽혀펴기
105 · 벽돌을 쌓으며
106 · 이불
108 · 비둘기
110 · 꽃잎 지는 날
111 · 고추를 손질하며
112 · 빈 강의실에서 성중이의 명상
113 · 송곳
114 · 시어詩語
115 · 비 오는 날의 전화
116 · 난꽃의 부름을 받고
117 · 양복을 입고
118 · 야채쿠키를 만들며
120 · 횡단 보도에서 만난 친구
121 · 공사장에서
122 · 가을 숲에서
123 · 단감을 먹으며

녹색 지키기 · 5

새장 속에서 · 127
메모지 · 128
쌀 개방 후 · 129
녹색 지키기 · 130
투명성 · 132
종달새 그리고 바슐라르에게 · 133
창호지 · 135
실 · 136
가을비 그리고 미연이 · 137
신록에게 · 138
울돌목에 · 139
방房 · 140
기둥 · 141
마루 · 142
고추장 · 143
택시 잡기 · 144
퇴원 · 145
아, 경사耕史여 · 146
노을에게 · 147
소나기 · 148
가위 · 149
아버지의 여유 · 150
소쇄원瀟灑園에서 · 151

6 · 바람과 갈대

155 · 풍요로운 가을
156 · 금수강산
157 · 기원祈願
158 · 노래방 마이크
159 · J 시인에게
160 · 바람과 갈대
161 · 모래
162 · 부침개를 먹으며
163 · 안개
164 · 굴비
165 · 지리산을 오르며
166 · 파지가 된 원고지 앞에
167 · 밀감을 맛보며
168 · 시조 쓰는 시간에
169 · 라면 상자
170 · 풀섶들의 어깨춤
171 · 화엄華嚴
172 · 오이 맛
173 · 가을 설악에 그림을
174 · 만월을 기다리며
175 · 무無

179 · 시조 창작 뒷말
191 · 시조 단평 모음 | 언어의 직조와 미적 감동

돌아와 슬픈시 한편 눈감고도 읽는다
이 생각 저 적요 머리맡에 그가 올까
오늘은 귓바람 소리 황톳길을 훔쳐 간다

1

슬픈시를 읽는 밤

편지를 봉하며

누구냐
나 이리로 돌리우는 끈끈이
두 마음 하나로도
합해지는 일월인데
떨어져 기다린 표정
꽃처럼 설운지고

불어서
말리우는 눈 흘김도 아실까
설익은 밥알 깨어
봉함 정성 그 사연을
둥글쩍 칠해 가느니
솟아오른 추억 하나.

신동아, 1991. 9월호

할머니의 수繡

새벽 날 어깨 마디
시린 바람이 무겁다
이승의 막힌 말을
저승에 트이고자
바늘귀 하나하나에
꿰어내는 시간들

간직한 불씨 정성
수틀 안 인두질
액땜 자리를 도시며
팥죽 뿌려 선 자리
옥양목 짙은 눈물이
심야 산에 머물다.

주간교육, 1990. 3. 15

벼를 베며

풀꽃에 이름 걸어
물개 도랑 젖히면
외곬으로 살아가는
맨발 흙내를 씻어내고

숫돌이
그리운 낫날
섬뜩섬뜩 시를 쓴다

물꼬 돌린 이 서방도
삽을 매고 돌아간 뒤
햇빛 닮은 이삭 한 톨
땀방울에 적시다가

잊을까
서마지기 논
살림 걱정 부딪친다.

시조시인협회 사화집, 1991. 12

난초

맑은 정 잠재워서
초록빛에 담아두고
햇살 속 깊은 은총
벋어 잡은 잎줄 사랑
긴 몸매 정결히 닦아
향기마저 적신다

다듬는 매무새로
하늘 당겨 읽는 소리
한 줄의 시구를
뿌리 밑에 사려 두고
잎잎새 명상을 모아
새벽 언어 당긴다.

동시조문학, 제2집 1981. 9

여름 바람

무성한 은유 기둥
푸른 손 그리매
한 소절 메아리에
고갯길로 다가가니
더위 적 늠름히 모는
품속 시위 화살이여

기계 숲 빌딩 속에
큰 잎들로 누벼 살아
널찍한 삼베 밭에
화폭 깨워 지나온 손
붓 모아 캔버스 구름
바다 살폿 앉힌다.

문예교육, 제6집 1984. 10

불

아픈 넋 울음 닮아
자상흔을 새기면서
겨울 밤 적셔 울어
신열 채워 흔든 몸짓
너 함께
달아올라서
눈물 기둥 오르다

타올라 마음까지
사랑 이별 읽더니만
이제는 아픈 고뇌
이름 불러 떠도는가
비로소
지맺힌 한을
푸른 칼로 자른다.

독서동호회보, 1895. 5. 25

극락강변의 추억

노을이 걸어오는 저기 포플러 언덕
지치도록 밟은 생각 징검다리 내려가
뭇 일에 젖었던 발을 희도록이 말린다

가을내 입던 은혜 이제는 바꿔 입고
현대의 바람을 맞을 수 없는 우리 사이
극락강 긴 철교 밑을 소리 없이 걸었다

드러난 모랫벌로 달려간 그대
발자국에 지는 노을로 아쉬운 얼굴 묻으면
그대 앞 저문 사랑은 안개처럼 흩날린다.

시조문예, 제17호 1987. 12

해빙解氷

          1
나목裸木의 조바심 심장 하나 켜들고
뿌리째 고뇌 깊은 북풍의 소식들
황량히 적어 밝히는 강물 타는 소리여

          2
한 묶음 자유 서약 언 맘에 꽂아 두고
그 굳은 그릇 속을 채워 가는 마른 꽃
더 낮게 햇빛 부딪친다 트이어라 큰 웃음

          3
생명귀 하나 하나 밝혀진 겨울 밭
비수로 간직되어 염원 도린 가슴팍에
어디서 박제된 소리 너 스스로 끓을까

          4
솟아나 질긴 탐색 흙 속에 출렁이다
사랑 잎 그리매로 적셔 놓은 향기 한줌
지심地心 끝 돋운 체온이 젓대 속을 지난다.

시조문예, 제17호 1987. 12

난蘭의 안부

어둠 속 누군가
시린 손을 쥐었다
서로의 쌓인 얘기
가슴 기울여 흐르고
우리는 헤어졌었다
슬픔 한 줄 남긴 채

이 겨울 빈 방에
가져다 놓은 그리움들
생각들은 다투어
초록으로 커간다
또다시 이어볼거나
감추어라 칼의 운무를.

시조문예, 제18호 1988. 8

대리석

억만 겹 달구다가
식은 울음 한 줄기

어디다 받을까
기둥으로 쏟아져

벗겨서
그리운 속살
그어내듯 세운다.

시조문예, 제19호 1989. 10

맨드라미 · 1

아직도 진한 핏빛 바래고 바래며
마당 복판 도리깨질 나긋이 피해 가서
누이들 돌담 틈에다 서러움도 심는다

햇볕 바른 고무신 속 감추던 그 비밀을
헤아려 다가오는 호미로 파내 보면
붉은 힘 그대 전생이 꺾인 채로 살아가고

그리하여 사나흘씩 굶는 오늘의 그리움까지
한 줄기 꽃대궁이에 말없이 달아 올리는
뜨거워 털어 낸 가슴 정액 같은 그 피여.

자유문학, 1992. 여름호

맨드라미 · 2

다 함께 천근 무게 저리 눌린 정
발가벗은 오직 한 몸 빗물에 훑아내며
오오래 그리움처럼 튀는 피를 닦는다

손수건 사각마다 묻어오는 고통들
서로의 시선끼리 겨누던 모반 앞에
모자란 이 천 조각은 막아내지 못한다

차라리 뚝뚝 지는 노을 한 쪽 찢어다
저녁종 스러지는 선각자들 언덕으로
누이들 까아만 손에 쥐어주면 좋겠다.

자유문학, 1992. 여름호

떡을 빚으며

마루목 딛고 가는
햇살 평화 한 발짝
쑥내음 따라 디뎌
향기 물씬 재우면
시루밑
장작불 활활
설레어라 그 잔치

시효의 솥안 가득
어머니의 자상함
떡고 깊이 매달려
아픈 반죽 끈끈 참고
간 맞춰
함지 떡살에
찾아오는 반가움.

자유문학, 1992. 여름호

우리 풀잎을 걸고

길가의 풀잎으로 사랑 한 올 당기리
시간이 홰치는 노래의 날개 퍼덕임
강물로 푸르게 굽힌 손 함께 찾아 다정타

둑 위의 돌팔매 홀로 선율 닮으며
안개섬 숲에 닿는 내밀한 속삭임들
기적도 훔쳐먹을까 아까운 것 침묵 덩이

서로가 야금야금 조바심을 모으다가
펜대 끝 아픈 사연 한 얼 사랑의 긴 안부
가위질 짧은 감격에 편지 귀를 오린다.

시조문예, 제19호 1989. 10

선생님의 사랑

오월이 하늘 아래
시리도록 부서진다

자랑처럼 뜰 가득히
나뭇잎도 반기는 날

토닥여
사랑 더미로
어깨 위를 얹으신다

내 가슴 꽂아 주신
은빛 꽃잎 몇 송일까

머리칼로 쌓이는
지혜층은 더 두껍고

더불어
함께 사는 길
가르쳐 주신 참 사랑.

교육관리기술, 1993. 5월호

슬픈시를 읽는 밤

돌아와 슬픈시 한편 눈감고도 읽는다
이 생각 저 적요 머리맡에 그가 올까
오늘은 귓바람 소리 황톳길을 훔쳐 간다

서울행 기차가 무등 아래 울던 날
친구는 떠나가고 그의 호기만 남았는데
죽난시竹欄詩 들여다보니 지하방에 물이 찼다

걸쭉한 강강술래 소리마저 희미하고
밤새워 농주 사발을 비우던 사랑방엔
진실로 그와 노래한 시 함께 우는 등燈이었다.

시조시인협회 연간집, 2002. 12

망월동에서

사랑이 한으로 흐른
이 눈물 몇 굽이를
가슴 하나 그릇으론
담아내지 못한다
산 목숨 피 한 사발도
아깝다던 우리들

철조망 가슴속에
묻어 두던 능욕은
친구들과 오래 태우며
오월을 부르나니
아득한 술잔 언저리
저미어 오는 한이당가

민초들 총부리 앞에
앗긴 가슴 펼치다가
피끓는 저 통곡들
십자가에 살려내니
차라리 강물은 깊고
피는 흘러라 금남로.

전북문학, 제152호 1993. 1

구슬풀과 달개비

길가의 발길들이
훑어내는 폭력 앞에
참혹히 깔리우는
초록빛 두 생명
눈 들어 푸른 생각들
상처 속에 담는다

장마길 오늘 걷혀
냇가 따라 피어오니
넘어서자 잡는 넝쿨
조약돌도 덮어 간다
자줏빛 꿰어 달 목걸이
기다리는 달개비.

월간한국시, 1992. 2월호

사랑

뜨거운 가슴끼리 맞닿는 사람들은
한 맺힌 미움에도 그리움 심고 가고

이 어둠
허물며 가자
푸르른 저 하늘

허물어 달리면 달리는 대로 노을이
줄 것이 마저 없어 촛불 하나 켜 들면

서로는
밑불로 삭아
가슴속에 타는가.

새보람, 제5호 1990. 11. 20

운남리에서

정자각 토방돌
송진향에 그늘 숨고

이끼 낀 기왓장에
옛 기침 서리우면

잊은 듯
돌아온 미련
안부 묻고 기운다

팽나무 꼭대기에
오르던 유년시절

사람들 불러모아
다시 깨워 돋궈내면

어딘가
감기는 슬픔
물결이리 운남리.

시조문학, 1990. 겨울호

종이배

눈으로 짐작했던
대각선 나란 끌어

흰 사각 닫아 접고
막힌 통로 불어 접고

탄생된 이 한 척의 꿈
파도 굽에 실린다

기쁨 속 부풀리다
조바심 넘어넘어

흐르는 대로 달려라
냇물에 맡긴 경주

가르는 바람 이랑에
풀피리도 실어 간다.

교육월보, 1991. 3월호

겨울 채비를 하며

남산골 누나 집은
왜 이리 바람 불까

감나무 짚동이
마람장을 엮을 때

이 맘도 덮으려 한다
당겨 보는 긴 추위

땅 깊이 묻어 오는
소망에 고요 깔고

바람 폭 드높이
스치는 기침 소리

햇살 틈 잔주름 추위
이 다림질로 폈으면.

시조와비평, 1991. 봄호

빨래

누구의 죄지은 허물을 참회하는가
하늘 아래 줄 따라 십자가로 걸려서
저리도 슬픈 눈물들 백색으로 그리는가

저마다 힘든 일상 벗고 싶은 세상에
백의의 숙명들 땀으로 얼룩 지워도
모자라 햇빛 뜨거이 바래는 이 누군가.

시조문학, 1991. 봄호

바닷가 노인

귓부정 스쳐 가는
나래 깃에
세월 멀고

숲 향내 취한 발을
길게 높게
바둥터니

수평선
흰 소년 하나
조가비가 그린다.

월간한국시, 1992. 9월호

장독 위 돌담 넘어
석류 붉어 수줍고
머리 들어 스쳐오는
착상 운율 따라 가면
저 멀리 보이는 청산
뜻을 깨쳐 읊는가

휴일 서재에서

별 아래

바람결 휘휘 돈
밤 깊은 뜨락에

마알간 전설들이
스치듯 떠오르면

외롬도 듣고 싶어서
별 아래에 서누나.

중앙일보, 1968. 7. 9

청산에 들어
- 왕태옥님

푸른 물 넘실 흘러 세월 둑도 무너 가고
눈썹 끝에 흰 서리 그리움에 닦아내며
산자락 스미는 바람꽃을 피워 녹인다

섬진강 도는 고향 맺힌 한을 다 안고도
가르친 정 남을 주어 가진 바 그리 없어도
오히려 솟구치는 힘 그대 자랑 같은 팔뚝이여

섬기는 어버이도 은혜 베풀 아이들도
사는 길 오직 하나 뿌리깊은 믿음에 두고
오늘도 청산에 들어 나이 주름 허문다.

월간함께걸음, 1991. 5월호

밤비

솔잎 잎 자맥질로
씻겨 우는 바람 소리

귀 열어 달려가며
마중한 고요들은

어둠 속
부끄러움으로
젖어들어 푸르다

날리는 버들꽃 꽃
청보리 눈을 뜨고

목마름 터지고파
눈물이 넘치나니

휘어져
앓는 하늘로
풀무 잣는 소리소리.

시조와비평, 1991. 여름호

목탁

새벽 맡 어깨 자락
거룩히 다스리며

쥐느니 고요 한 줌
펼치느니 이승 지평

부신 빛 비질 기다려
공양 정토 뿌리는가

구름 위 관음 벌어
무심천에 실어내고

떨어져 서역 땅에
번뇌 씻은 장삼들이

보아라 맺힌 평생을
한 알 한 알 따내느니.

월간2000, 1991. 8월호

대장간의 밤

어둠의 질투만큼
깊디깊은 사랑 열정

힘 쏟은 아우성
껴안아 온 밤 긋고

욕정 끝 떨어지는 불
감은 생명 흔들까

내리친 불 쇠살
원시를 팔뚝 감고

지층에 뿌릴 담던
태양 속 끓는 삶들

삼켜서 이 땀방울로
빚어내는 아들들.

자유문학, 1992. 여름

휴일 서재에서

한 잔의 뜨건 녹차
책상머리 식혀 두고
서가에 잠든 시집
벽에 기댄 논문집들
펼치니 이 한가한 틈
기워 가는 손길이여

모처럼 자리한 식구
아내의 장바구니엔
좋아하는 죽순 나물
정성 뿌듯 참외 몇 개
엎드려 잠수함인양
시어 삼매詩語 三昧 잡는다

장독 위 돌담 넘어
석류 붉어 수줍고
머리 들어 스쳐오는
착상 운율 따라 가면
저 멀리 보이는 청산
뜻을 깨쳐 읊는가.

소방안전, 1991. 7·8월호

지등紙燈

빛에 타
빛을 내는
외딴 고개 어둠 씻고

실낱에 넝쿨 밤을
서러워 깁고 있다

눈물로 시려운 삼년
마중 가는
저 혼백

접어라
그믐 상봉
장롱 깊이 이울고

가슴 저며 참아 가는
생명불 한 그루

은장도
기다림이야
소리 소리 깜빡여.

문예사조, 1992. 2월호

비석

발 끝에 설법說法 묻어
천년 번뇌 울리우니
은둔의 전설이사
합장으로 모두고

한 단씩
내려가는 발
사직 쪽에 심는다

산으로 지켜 서서
얼 가꾼 그대 진땀
선조의 넋을 품고
귀 내려 풍우 듣더니

시대는
연민을 내려
울음 한 짐 부리는가.

시조문학, 1991. 겨울호

항아리

실바람 부빈 결
매끄러이 다듬다가
여인들 만지는 손
애무하듯 고운 볼

부끄럼
함께 삭이어
혼자 두고 익힌다

일월에 절인 인고
속살마다 참아내고
옥빛에 말린 향내
숨어 뿜어 둥근 의지

이 가슴
받아 든 그 뜻
새겨 보는 배달 혼.

시류, 제21집 1991. 11

콩나물 · 1

누굴까
이 고개를
숨차도록 걷는 이

노오란 지붕 안
동그만 그 얼굴

보고파
긴 목덜미로
담 넘어서 부른다.

샘터, 1991. 12월호

콩나물 · 2

그대여
남비 속에 섧도록
우는 날

자분자분 잿빛 자리
향기 취해 죽으면

무심코
집어넣은 손
가닥가닥이 즐거운.

월간문학, 1992. 1월호

새벽 이슬

풀 내음 옷섶마다
한 알 한 알 배어들면

동녘에 고뇌 깊어
가난한 손을 씻고

돌면서 한 모금씩을
눈물인양 받는다

흐느낌 이리 깊고
호젓한 발길 끝에

언제나 사랑 앓이
맺히길 기원하리

맘 비록 덮어 보아도
열려 오는 그리움.

현대시조, 1991. 가을호

북소리

이 가슴
소쩍산 위
흔들리어 우니나니

강 끝에
달빛 녹여
서릿바람 어깨 매고

맺힌 맥
스슬쩍 끊어
신명 덩실 넘는다.

현대시조, 1991. 가을호

산 속에 누워

옷벗은 나무에
생각 하나
벗어 걸고

팔벼게 스치는 풀내
하늘 한 폭
당기면

있음도
그 없음인 듯
비인 채로
말을 잃다.

       새보람, 제12호 1991. 11. 20

떡 치기

절구 위
소매 탈춤
날리는 떡매 높이

소금물 적셔 뿌려
저며 캐는 이 한 보데

뽑아라
쑥빛 고운 손
잔치 마당 그들막

찰진 맛
두리 둥글
가을 빛 인절미

대문 앞 아이들
돋움 길 높이 따라

치리라
즐거운 패기
꽝꽝 웃는 떡고로.

월간한국시, 1991. 12월호

이무기는 죽었다

　　　　1

　고르바초프의 사위 아나톨리가 쿠데타의 발생일인 8월 19일 밤, 그의 장인이 연금된 크리미아 반도의 별장에서 감시원들 몰래 자신의 비디오 카메라로 그 모습을 담았다. 공산당을 지키려는 쿠데타 세력을 비난하고 국민들에게 이들의 말에 현혹되지 말도록 촉구하는 모습을 담은 비디오 테이프는 이튿날 러시아 공화국 텔레비전과 미국 NBC 방송에 일제히 공개되었다.

　무기가 날으던 날
　피 흘린 이무기

　반박처럼 푸른 칼 앞에
　주눅들어 쓰러졌다

　이 여름
　장쾌한 빗속에
　벗어 던진 허물 한 뚜껍.

　　　　2

　요즈음 거리를 나서면 어디서든 손쉽게 수입 상품을 만난다. 처음엔 매장 아주 작은 공간에 보일 듯 말 듯 진열

돼 있던 수입 제품들이 이젠 자랑스럽게들 버티고 있다. 마치 아직도 사가지 않는 바보가 있다는 듯이. 겨우 배고픔을 면했다고 어렵던 그 시절을 송두리째 잊어버린 탓인지 앞으로는 더 많은 수입품들이 경쟁하듯 밀려올 판국이다.

단군 수염 훑아 가는
꼬리 긴 이무기

농부 삽날 예리한 틈도
웃음 흘려 도망한다

비호여
승천도 모르니
비늘 몇 개 뽑아 두라.

월간한국시, 1991. 12월호

새벽에

고뇌 추 무거이
이마 눈금 올리며

부끄런 세월 간 곳
그 시어들 묻어 놓고

유년이 또 변신하여
믿음 한 톨 줍는다

은혜를 연습하던
노래 마디는 꺾이고

손끝에 맴을 도는
바쁜 일상 그 점에서

품안에 잠들던 시를
깨우면서 달랜다.

시조문학, 1991. 겨울호

요즈음 나의 시

달력 위
그려 놓은
약속들 소리치다

잊은 날 마주쳐
얼굴도 붉어지고

이따금
수틀 당기어
이웃 정담 새긴다.

문예사조, 1992. 2월호

산수유

두 눈이 시리도록
마주 웃는 꽃송이

노오란 얼굴 함께
옛 화폭이 열리고

나 몰래
스치는 붓 끝
순희 머리 그 향내.

현대문학, 1992. 5월호

소나기

더위 속 팽개치는
웃음 하나 떠온다

온갖 갈증 다 씻고
쾌활하게 내치는 이

지구 밖 오기 마저
당겨 보라 팔뚝 힘껏

검도록 태운 머리
흙 속 가득 드리우고

날뛰는가 꽃잎에도
비수처럼 꽂고 돈다

이 폭염 한 번 죽어봐
멋진 길이 장대길.

겨레시조, 1992. 여름호

씨앗의 기다림

안으로 타오르는
불길 안은 이 가슴
재 넘어 쟁기 소리
기침 삭여 목 틔우고
한 줌의 흙이 내리는 날
싹이 되어 돋으리니

붉은 놀 눈자위
능선 배워 율을 잣고
기다리다 맞는 겨울
칼춤이라도 마를 건가
발아래 이랑을 놓아서
듣고 싶은 소 울음

흰 벌판 눈발 날개
단단한 추위 덮고
서성인 아침마다
체온 나눈 손짓들
몸으로 저리 흔들어
창고 가득 태우는가.

시조생활, 1992. 봄호

목발

큰길로 달려갈까
나비 같은 세월 만나
땀방울 그대 가득
절뚝이다 앓더니
어엿차 오르는 계단
시름 넘실 한 목숨

전 생애 다진 인연
오늘 비로소 매듭 풀고
봄볕 같은 사랑 폭에
그대 체온 싸안다
세상사 무거운 협력
얽어 보는 은혜다

동강난 다리춤에
날줄 씨줄 걸어 놓고
뜨거운 사랑앓이
너와 나 당기베틀
바쁜 길 숨찬 바다로
올베 짜는 우리네.

자유문학, 1992. 여름호

지우개

너와 나
마주하면
벗겨지는 사랑 싸움
잘 못 든 길 타일러서
삶 더욱 깊게 하고

섣불리
흘리는 말도
바로 잡는 기꺼움

닳아져
한 목숨을
입 바람에 실어낼 제
다듬고 고쳐 가는
아픈 자취 그대의 뜻

이 세상
사는 보람을
땀 밴 손에 싣느니.

새보람, 제14호 1992. 6. 30

용설란

무거워 눌린 자락
암록의 용포 위엄

피침 끝 남미 원정
원추꽃에 등극할 때

계율이여
엽액葉液을 마셔
억센 섬유 뽑아라

미지로 달려가는
우렁찬 그 잇소리

휘어져 뻗는 팔에
파도 굽이 안아들면

가시손
열띤 외침을
태양 속에 박는다.

시조시인협회 연간집, 1992. 12

3

떠도는 소문들
눈발마다 녹아들어
추운 밤 휘파람은
절망처럼 쌓이는데
가슴 속
타는 열정을
불 속 깊이 풀었다

겨울 피난 캠프의 추억

해바라기

이 세상 흔들리도록
바람 마주 취하는 이

견딜만한 보고픔을
까실까실 씻어 내고

노오란 회오리 한 구시
머리끝에 옥을 받다

토담에 기댄 그리움
어느새 해를 낳고

두루마리 머리채를
웃음 빛에 헹구면

휘빙글 씨름판으로
매둥그린 실랑이.

광주교육, 제10호 1992. 7

남은 이야기

해질 녘 산그늘 껑충 놓은 노루목에
아버지 그림자를 등짐 몰래 밟아들면
장끼 울음 메아리 크게 솔밭길로 종종이

눈물진 누나 얼굴 인두처럼 닦아 놓고
짱구놈 서울 전학 자랑 높이 들뜨던 때
흉년은 가을빛 사이로 논골 이웃 벌렸다

한사코 내린 숙명 황톳길에 누나 혼백
제재소 마당 끝엔 때려눕힌 포플러들
비 내려 젖은 옷고름 눈물 함께 찍던 날

뚝 위서 멀거니 솔깟불이 뻗쳐오르고
투정에 옷을 태워 돌팔매에 감아들면
예끼 놈 아버지 호령은 기침 속에 커졌다.

전북문학, 제149호 1992. 7

세상에 단단한 것이 없다
― 깨뜨리기

　　　　1
　부시 행정부는 미국의 고질적인 흉악 범죄를 뿌리뽑기 위해 연초에 대외 정보 담당 FBI 요원 3백명을 폭력 범죄의 수사팀으로 돌리고 주요 도시에는 특별 범죄 수사부를 설치하는 등 범죄 소탕에 주력하기로 했다.
　뭐랄까 우리나라의 '범죄와의 전쟁'을 연상케 할 정도로 미국의 사직 당국은 폭력과 범죄 퇴치를 당면 업무의 최우선 순위에 놓고 추진하고 있다.

　한 생애 삭아 가면
　벌레 밥이 되는 순환

　무쇠 손 맞선 긴장
　부서질 날 머잖았다

　힘 자랑
　깨지는 자리
　양심 찢겨 후회한들.

　　　　2
　독일 공공 부문 종사자들이 50년대 이래 최대 규모의 파업을 일으키고 있다. 공무원들이 이렇게 집단으로 떼쓰는 속에서 경제부 클라우스 백만 차관이 우리나라를 방문했다. 그는 5월 2일 기자 회견에서, 막대한 통일 비용을 위해 세금을 올린 것과 물가 상승이 고질화된 데 파업의 이유가 있다고 했다. 또 임금을 올려 주고도 역으로 다시 공공요금을 올리지 않으면 안 되는 구조적 모순을 겪고 있다고 했다. 이는 정치 변동에 따른 경제의 악순환이다. 그러나 이제 정부와 공무원 양측이 일정한 공감대가 형성되어 그같은 줄다리기도 완화되므로 파업이 끝나고 정상 회복이 가능하다는 전망이다.

  우리의 경우는 어떤가. 정치판의 이전투구와 좌표의 실종으로 경제에까지 위기를 맞고 있다. 노사의 줄다리기가 지속되는 암담한 현실이다.

    계절은 예나 지금
    피고 지는 변화인데

    투쟁으로 흐름 막는
    이기 회심 기회주의자들

    흔드는 자
    내려다 보라
    남문 밖이 벼랑이니.

문학공간, 1992. 8월호

삽

찔레 상여 돌던 배미
할아버지적 건너다가
가뭄 홍수마다 않고
다가서서 막던 의지
상사디 이 흙을 엎어
어깨 디는 춤으로

정자각 팽나무도
숟갈 뜨듯 옮긴 힘
이제는 그 봉분
사랑더미 꽂는가
다 함께 할매 무덤에
다독다독 그 옛날

닳아져 억센 날에
뱉은 침 가난 살이
달려오는 잎 잎 바람
노을 젓는 논둑 물꼬
또 디뎌서 마지기 품
깊이 깊이 갈엎다.

신동아, 1992. 10월호

귀뚜라미

갈잎의 노래 소절
벗에게 보낼까

저녁 얘기
솔빛 가득
바느질에 실어낼까

풀섶 속
반기는 바람

나직나직
마중 간다.

시조문학, 1992. 가을호

신김치를 먹으며

노을에 몸을 섞어
누워 있던 지난 날
겹겹이 붉은 체온
항아리 속 익은 부피

우두둑
씹으며 튀는
이 홍건한 혓바늘

빈 입에 고인 갈증
시큼한 죽지 틀고
눈 찔끈 써는 비수
아찔한 목구멍이

늙어도
속 푸른 맛을
눈물겹게 찾는다.

시조문학, 1992. 가을호

겨울 피난 캠프의 추억

수난의 잿속 어딜까
생의 불씨 뒤져 찾다
부젓가락 묻어나는
몇 다발의 추위를
가늠쇠
흐린 눈으로
뼈 속 깊이 조준했다

눈 내린 산야 어디
한 잔 술 짙은 모닥불
풍경 따라 흔들리는
포성 끝에 멎는 호흡
피 흘려
마른 장작 끝
불붙어서 미쳤느니

떠도는 소문들
눈발마다 녹아들어
추운 밤 휘파람은
절망처럼 쌓이는데
가슴 속
타는 열정을

불 속 깊이 풀었다.

시조와비평, 1992, 가을호

구두

참 세상 버틴 뒤축
찌그러지는 한 평생
시궁창 길 걷다 보면
모반하듯 칼 든 부리

돌아서
쇼윈도우 안
훔쳐보고 속상한다

겉 맵시 색깔 자랑
계절 탐낸 친구들
짓밟아 살해한 미물
누명 쓴 이 지상에

터진 삶
부서진 몸을
신기루에 의탁코저.

시세계, 1992, 겨울호

바구니

둥그런 손 모음에
모여드는 내 식구들
사랑 배낭 낱알 담아
녹두 돔부 키재기
채워져 익는 원심을
소망 크게 그린다

채곡이 넘친 포만
해거름 밭을 나오면
옥수수 붉은 수염
가지 오이 넘을 보고
어머니 똬리 위에서
노을 섞어 익는 정

이 세상 고달파도
그대 인 가벼움
찬거리 푸지도록
웃음 캐는 식탁에
즐거움 푸르게 덮어
아이 입에 물리리라.

시세계, 1992, 겨울호

절을 배우며

맑은 눈 해 맞춰 푸른 생각 꾸려 보며
둥글게 모두어서 가지런히 짚는 손
옷자락 다소곳하게 부모님께 숙인다

소망이듯 아름다운 선 소매끝 크게 돌고
은혜에 보답하는 높은 발치 조심조심
너와 나 한 마음 되어 어깨 반 듯 겨누니

마음에 받쳐드는 정성 한점 소중하게
절 맵시 감춘 어리광 웃음 사려 띄어 두고
두 손에 받든 소반도 햇빛 맑게 씻는다

딩기둥 소리 맞춰 어화 넘실 춤을 추듯
새인양 깃을 치며 홍치마 넓게 내려
꽃병의 붉은 웃음도 볼에 가득 넘친다.

소년, 1993. 1월호

짜집기

찢긴 몸 세상살이
힘겹도록 부치는 자

이리저리 맞춤질
생의 질곡 끝이 없고

바늘땀
내가 사는 곳
무늬 잡아 한 칸 집

차지한 넓이만큼
불빛 가난 묻어 놓고

골무 낀 검지 손에
올을 추려 구부리면

뚫린 정
엉키도록이
손을 잡는 이웃들.

새물결, 1992. 겨울호

단추를 달며

여미는 매무새
동그마니 보고파서
그대 얼굴 돋는 눈 속
다사로운 바느질

솟을 듯
담는 지혜를
옷섶 내려 머금고

만지면 도는 인연
포개지는 선후배
멋 부리고 쓸모 찾아
자리바꿈 손놀림

의젓이
세운 범절을
손길마다 깃들도록.

시조와비평, 1993. 가을호

귀

사랑인가 미움인가
다가서는 소리 싸움

한쪽의 회초리로
그대를 다듬으면

꽃잎에 젖은 목소리
수틀 가득 밟고 간다

스며 있는 소음 몇 겹
생활에서 걷어 내고

풀밭 머리 벗어 놓은
적막 하나 찾아 들면

그대여 비우는 소리
노을 빛에 말리는가.

시조와비평, 1992. 겨울호

게

바다 깊이 가는 칼
파도 굽 눈을 베고
빗방울 등을 뚫어
녹슨 기슭 벗겨내면

사무쳐
거품인 입술
신기루가 지핀다

어딜까 더듬어 찾다
갈대밭에 서는 슬픔
잔혹한 달빛 깨물어
둑길 멀리 귀 열어도

청솔이
잠 못 드는 걸
너는 아직 모른다.

광주북구보, 1993. 3. 15

반 파쇼 여자에게

더 이상 갈 덴 없다 타협도 삭은 엘리트
가라앉아 절대 교의에 금석 밑 스스로 죽은
여대생 욕망의 젖줄은 마르크스 순교자들

떠들면 행열은 채찍 침묵하면 관점은 칼
도전적인 형이상학 초읽기로 분열하는
그대여 성 없는 극좌 솔방울은 열리리니

비틀즈 대중 선언 흰 손가락 근거 잃다
내가 나를 모르는 기독교적 구원도 울고
희생자 위선의 기폭에 가리지 말고 타오르라 타오르라

시조문학, 1993. 봄호

시조의 앞날을 위한 기도
— 이태극 선생님

한 평생 율을 잣다 멧새 따라 집도 짓고
바장이는 품속에다 딸기 종종 담으시더니
비 그쳐
강나루 언덕에 비낀 노을 산수경

기울여 귀를 버티다 올곧게 다시 듣네
팔십 성상 못잊을 모국어 그 물소리
폭포 위
날으는 선시禪詩로 후배 가슴 서늘 파는

그리움 흔들려서 가득히 젖어 오면
짙푸른 하늘 가 부서지는 초록 휘파람
시조여
천년 나래여 님의 뜻 사려 날으소서.

시조문학, 1992. 겨울호

굴렁쇠 굴리기

해 지는 언덕으로 굴렁쇠 굴립니다
모래알 튕기면서 신바람을 가르면
오솔길 팔짝 개구리 길 비켜서 나앉네

시냇물 소리 따라 굴렁쇠 굴립니다
잔디 길 구르면서 흰 구름도 감아 돌고
흥겨워 돌 도는 맘에 응원 한창 구르네.

시조문학, 1992. 겨울호

겨울 산수화

무상을 앓고 있는
장년기 산자락에
억눌린 가슴 속
폭포 소리 외우려고

붓 끝 끝
모으는 일념
한지 갈증 축여 가네

저 눈발 묵담 호흡
나뭇가지 움을 밀고
설움 같은 눈썹달이
주름살에 여울지면

잎 맥 맥
베어내고자
입술 속에 스미는 붓

휘어져 다가서는
창문 앞 바람 소리

정적에 날리는 노송
암자 열어 기운 채고

손 끝 끝
은적의 선방을
밝혀 읽는 삼라경.

　　　　　　　　　　시조문학, 1992. 겨울호

그리움

마지막 주고 간 가슴
내 차마 읽지 못하고
집 앞 혼자 서성이던 날
유난히 가을이 붉었다

우는가
한 마디 사랑
몇 년 외길 우는가

가지 끝에 감겨오는
세월의 끄나풀로
학만큼 목을 빼어
기다림도 동여맸다

그 이름
다시 불러도
등솔기엔 비인 언덕.

시조문학, 1992. 겨울호

잔盞

따르라
받쳐주며
고이 내민 그 손에
그대의 뜻 둥글게
또 비어져 기둘리고

대주렴
흔드는 식탁
마주치는 갈증이여

한잔 술
비우다가
갈매빛도 쳐다 보라
목마름 잇는 산천
피 흘린 동지들

끌어와
괴로운 자유
넘치도록 채우리니.

표현, 제24호 1993. 2

멧돌

한줌의 팥을 먹고
윤회하는 내장이여

어지러운 세상 굽이
인고하듯 마주 잡고

이 평생 시름에 뉘어
그대 함께 닳아지리.

한글문학, 제17집 1993. 4

연서戀書

무슨 말
담아 쓸까
갸웃한 상사화相思花

잎 젖혀 가늠하다
가까스로 그린 분홍

보일까
가슴 부끄럼
휘어지는 설레임이.

                          한글문학, 제17집 1993. 4

쥐치포를 사면서

잡수시오 잉 우리 집서 만드는 디
묵지 않고 가져 왔당깨라우

드르륵 유리 창 소리에
벌건 얼굴 뚱이 엄마

까맣게 내미는 손
제 아끼던 쥐치포

밍그적 걸음걸이
흔들리는 도시락 속

한 쪽씩 찢는 그 맛
입 속 살살 쌉는 소리

긴 세월 묻혀 잊었던
뚱이 엄마 인정 손.

한글문학, 제17집 1993. 4

누군가 말했지 높은 음이 가지런하면
등불 아래 떠도는 과거사는 잊으라고
눈뜨자 허락된 저승 무너지는 그의 보행

4

꽃잎 지는 날

여름밤 마당에서

펴 놓은 도리 멍석
밤하늘이 내려오고
평상에 변신하는
달빛이 하냥 곱다
소 고삐 두엄자리로
몰아가는 기침 소리

돌려라 모깃불 연기
펄럭이다 감아 치면
보리밥 숟갈 같은
손 짝꿍들 바람 쫓고
내리는 감나무 밑둥
미리내도 길을 연다.

월간2000년, 1993. 6월호

할아버지 제삿날에

할아버지 제삿날
멥쌀 됫박 싸들고
살아 계신 한 평생을
짚어 가는 이웃 친척

어디서
용마람 초가
솜씨 좋게 트시겠지

퇴비 넣어 거듭 복토
추수 재미 바작 그득히
번열난 솔깟 연기에
새벽 여울 끓던 기침

초승달
푸르게 펴서
되돌리는 고의춤

지금도 을칫재 길
철길 건너 꽃핀 봉분

덕석과 삼태기 삼아
함평 쇠전 누비던 분

서리 흰
두루막 자락
달빛 묻혀 서럽네.

                          자유문학, 1993. 봄 · 여름호

거울

거기 놓아 참회의 빛
아침을 털고 있어

고갯길 되받는 노래
박자 끝을 당겨 오고

눈동자 가득 편 말씀
다가가서 들어볼까

풍경 속 오순도순
밝혀 웃는 그 자리

잦아진 우물막을
젓대로 건져 뜨며

비친 살 홍적삼 속을
혼자 두고 보는가.

자유문학, 1993. 봄 · 여름호

연못

깊은 물 침잠의 손
내려와 눈높이로
하늘 멀리 스치는 이마
감은 눈에도 비치는가
가까이
부끄럼 당겨
부딪는다 물과 살을

빈 거울 원시림에
고요 몇 줌 삼켜 보고
굴참나무 소나무 사이
그려 가는 멧새 울음
씻어서
동그만 얼굴
존재 허물 벗을까.

자유문학, 1993. 봄·여름호

우리들의 시간

나뭇가지 잠 못드는 수락의 강 건너
안개마저 옷에 묻혀 노 저을까 선들선들
시계추 살아나는 혼 시끄럽게 깨어짐

조금씩 고여 익은 사랑 하나 따먹기
무너지는 즐거움도 까맣게 꿈꾸기
손을 쳐 배반의 문을 누가 와서 두드린다

캐내면 뚫고 나와 제 빛을 잃고
휘감아 뜨거운 혀 속살 비빔 두 마리
솟아라 품안 가득히 붉은 핏빛 노을로.

현대시조, 1993. 여름호

시래기

어둡다
실성한 바람 바람이여
박힌 채로 떠드는 헛간의 솔가지
푸성귀 모둠에 엮어
죽지들은 숨죽고

새 각오 속 풀이의 찌든 아침에
조용조용 맛갈에 젖는
먹음새 식탁 위에
응달에 모르쇠 일편
끓이는 자 벙어리여.

현대시조, 1993. 여름호

팔굽혀펴기

짧은 듯 길게 뻗어
더운 숨을 몰아 내고
낯설지 않은 노란 햇살
속 아프게 견디다가
흔들려 일으켜 세운
푸른 세상 몸무게

치마끈 자국 같은
매끼를 틀다 보면
심장 뿌듯 소리내는
힘 그리운 버팀 목
돋아라 훈훈한 이마
방울 의욕이 뚝 뚝 뚝.

현대시조, 1993. 여름호

벽돌을 쌓으며

하나씩 정성을 뉘어
바람 허위 막아 놓고
문틀 박아 수직추를
깡못질로 고정하면
꽃피듯 집 한 칸이
수평기로 떠오른다

좋은 짝 맞춘 가슴
먹줄 칸에 다소곳이
이 세상 깨진 삶에도
서로 의지 당겨 묶고
다지니 마무리 쇠손질
사각방에 들리는가

마음 하날 잘못 놓으면
십년 공도 하루 아침
그림의 집 한 채 위해
바람받이 몇 년인가
줄 띄워 사계를 보는
쓰다듬는 장갑 손.

현대시조, 1993. 여름호

이불

지친 몸 자리 눕혀
시린 발 끝 명상 덮고
고요 몰래 보듬어다
질펀토록 은혜 펴면
인연사
되짚어 오는
너와 나의 만남인가

낮으막 벗겨 괴는
추위에 바람 껍질 차고
구부려 동굴 쓰면
유년 꿈은 당사실
들릴까
이 귀를 켜고
빗질하는 이야기들

솜털 같은 뭉게 사랑
언 마음 내리 녹여
마다 낮은 꽃잎 자비
넓은 가슴 하나 담아
베갯잇
동녘 자리로

미륵 해를 떠민다.

현대시조, 1993. 여름호

비둘기

책갈피 넘기는
시의 은빛 부리로
아침 하나 물어 올려
초록 세상 낭송하고
구름 속
둥우리 여명
의지처럼 찍는다

바윗머리 비낀 햇살
심안 가득 누려 보다
은혜 젖은 노래 마디
지상에다 앉히면
사랑 빛
정갈히 휑궈
말려 보는 하늘 구구

더듬어 윤기 올린
숲 속의 평화 자리
넉넉한 이념 삭여
기운찬 날개 달고
먼 산하
두고온 자유

화음 맞춰 부른다.

건강소식, 1993. 7월호

꽃잎 지는 날

기도 같은 작은 소리 시린 밤 위무해주며
인연의 물레로 밤 새워 사랑을 잣네
투명한 악기 하나로 손바닥도 깨닫는가

누군가 말했지 높은 음이 가지런하면
등불 아래 떠도는 과거사는 잊으라고
눈뜨자 허락된 저승 무너지는 그의 보행

가슴 속 저미어 오는 바람 뒤의 소망 하나
기다림은 그대 앞에 어둠 깨는 여명인가
까만 씨 환하게 트일 더운 가슴 갈무리여.

교육관리기술, 1993. 7월호

고추를 손질하며

벌레여 어디 있나 추려 내는 손놀림
붉은 집 그 방안을 샅샅 보는 가위질
쌓는가 갂아 재미난 그대 삶의 두께로

비닐 포대 가득가득 눈물로 털어 내며
고운 때깔 꼭지 속에 흔들어 간추리다
대문에 금줄 겨드랑 끼일 날도 기다리며

땀 흘려 옹글진 날 가슴 조여 셈을 하고
부신 가루 몸 속 담뿍 멸치젓에 묻히고녀
요염히 멍석에 누워 햇볕 산뜻 뿌리는가.

시조생활, 1993. 여름호

빈 강의실에서 연중이의 명상

웃었다 재운 비판설을 다시금 꼬드기고
연중이는 키 보다 크게 농투사니로 웃었다
장흥 땅 황토밭 보리 마주 피는 하늘로

자유를 해받이로 정치학은 책 베개로
그리우면 반나절씩 비워대던 농주 사발
새암골 축대 전각위 선조혼도 휘감았다

친구들 사물패놀이 노을 감아 흥겨운 날
콩 익는 광산 뙈밭 호미 가래로 떠오르고
깃발 끝 뛰는 이념들 수건 풀고 내려 오라

낡은 벽 게시판에 말 굵은 대자보들
흙 사상 힘에 비해 혁명은 아직 멀고
기다려 물꼬 트는 삽 농막 속에 쉬고 있다.

자유문학, 1993. 가을호

송곳

아픔이듯 찔러야 할 삶의 표적은 저리 많고
한 줄에 꿰어질 누적 피로를 풀어 가면
내 체중 자루에 쏠려 어깨 힘도 용서하네

눈총으로 자리 내듯 비집고 가다보면
콱콱콱 딛는 발은 정욕처럼 눈부시고
힘든 삶 모둠 뚫어서 뒤안까지 가느니

명멸하는 서류 가닥 희열 삼아 엮는 날
스스로 뜨거운 손 빙글빙글 뻗쳐 보니
한 외곬 눈과 귀를 현기증에 파묻네.

시조시인협회 연간집, 1993. 7

시어詩語

안으로 타오르는
이 불길 가슴 속
재 넘어 아비 혼백
목청 틔워 부르던 날
그 한 줌 흙이 쌓여서
세월 끝에 돋아난다

능선 따라 끝 올리는
붉은 놀 눈자위에
재생의 매운 불티
탈춤 자락에 흔들리고
발아래 강을 놓아서
다시 듣는 여울 소리

단단한 지천에 울어
흰 벌판의 겨울새
살얼음 정수리에
불꽃 펴 온기 살리면
언어는 갓 피워낸 꽃
마음 기갈 풀어 간다.

전북문학, 제156호 1993. 10

비 오는 날의 전화

받으면
뛰는 빗발
느닷없는 호출이여

반가운 언어 상봉
마파람 속 지붕 돌고

구럭 속
노니는 대화
고기 굵어
잔 웃음.

교육평론, 1994. 12월호

난꽃의 부름을 받고

바람이 한 자락
꽃대궁에 내리고

흰 구름 살폿 들어
초록 잎을 돋우다

꽃 이슬
그 고운 손에
알알 듣는 목소리여.

문학세계, 1995. 3·4월호

양복을 입고

오늘은 기념 사진
새 장을 여는 날
젖은 팔 슬쩍 말려
다듬듯 뽐내 보고
한 차원 높이는 시선
의욕 던져 올 잡다

혼미하는 거리 정장
찌든 흔적 지우고
횟대보 쌍학수에
고이 덮인 첫날밤을
샷터는 새로 눌러와
사랑 터울 틔우는가

그리움 가고 없어도
곤색 연정은 갖고 있어
계절 넘긴 장농 속
억눌리다 열고 나와
이 거리 닦아논 거울
하늘 바라 내걸다.

자유문학, 1996. 여름호

야채쿠키를 만들며

아내여 앞치마 단정히
토요일 요리 함께
끓는 물 데친 시금치
잘게 써는 칼 솜씨
아이들 가지런한 맛깔
사랑 조금 대신한다

다지듯 썬 생강 파를
접시 귀퉁 놓아두고
계란 풀어 거품기로
크림액도 저어 놓고
체 받쳐 흔든 녹말
달보드레 미소처럼

이제는 튜브 속에
흰 버터랑 껴 앉히다
달구어낸 불꽃 징징
오븐 속에 십오분쯤
그럴싸 바닐라향도
봄바람처럼 적신다

식탁에 조르는 식욕

침 돋구는 혀 말림들
이제는 할 수 있지
뽐내며 양념 흩뿌리면
도동글 생활이 힘껏
손에 쥐듯 감겨든다.

현대시조, 1993. 겨울호

횡단 보도에서 만난 친구

인파로 붐벼대는
푸른 신호 횡단 시간
이 친구 어딜 가나
너무 오랜만일세
정깊어 흔드는 악수
차선 따라 밀려간다

기다림 뒤 건너는
백색선의 보행 표지
교통 사고 후 자네 고생
지금은 좀 어떠이
스치듯 멈추는 발길
제어기에 닿는 안부

가로수 젖는 노을
춤추는 경계 사슬 속
여보게 연락되는 대로
만나서 한 잔 하세
짧은 정 메시지 담는
횡단 보도 구두 소리.

시조문학, 1993. 겨울호

공사장에서

쿵쿵쿵 지반 뚫어 발파 작업 잠도 뚫고
귓속에 박는 소리 규제법이 더 시끄러워
사람들 붕괴 진동결 혼을 모두 매단다

피 살점 떨어진다 땅 가죽도 벗겨 낸다
꽃 대신 불을 솟구어 진저리 욕된 고문
다리 또 저렇듯 무너져 끊어지는 뿌리들

뿜어내던 흙의 입김 속살처럼 보얗더니
찢고 뚫는 굴착기 그 살점을 뜯어먹고
딛지 마 애원 가득히 기도 마저 죽여 찢다.

표현, 제25호 1993. 10

가을 숲에서

잎 지는 나뭇가지
마른 수액樹液에 자페되고
서로는 젖은 입술
접어 올리는 사랑 한 폭
거기서 솟구치는
팔뚝 안 믿음들

바람이여 불어와
그대 길게 날려 보라
정교히 깃든 예지
이마 속을 비질토록
속삭임도 둥글 나직이
가을 끝동 내린다

어딜까 만져 가면
눈감아도 훤히 알아
마주 잡은 흰 손으로
밟힌 추억 일으키며
익숙히 동녘 정률로
번어 가는 나이테.

전라시조, 제11집 1993. 12

단감을 먹으며

하늘이 쟁반으로
익은 꼭지 내리는 날

주황빛 껍질 위에
매끈한 살가움이

다소곳 칼날이 끼이도록
돌려 앉은 매무새

쪽을 진 단풍빛에
고인 맛이 새롭고

저마다 반쪽씩
바삐 도는 손놀림

씨 발림 변별 재미로
맛든 삶을 가린다.

전북문학, 제157호 1994. 1

푸른 강 이쯤에서
아프도록 물매 맞는다
가슴들 찢어 놓은
우는 적은 누구인가
사는 일 부럽지 않아
차라리 던지고 말 일

5

녹색 지키기

새장 속에서

어둠이 지층 갉는
위험한 우리 위치
운명의 손에 쥔
내 사랑 몸무게
흔들려 허공 저 끝에
남겨 놓은 자유여

한 걸음 걸어 나가면
캄캄한 앞과 뒤
울음빛 토하다
새벽은 실종되고
살며시 피하는 우주
위선 끝에 남는다

창살 속 모멸 가득
혁명처럼 부딪치다
깃 털어 세상 쪼는
잊고 싶은 반역들
차라리 욕된 한 구절
부둥키고 외운다.

문학공간, 1994. 12월호

메모지

연필 들고 바라보라
푸른 산 여기 저기
새 시상 혼자 키워
써 내린 분신들
모퉁이 길 걸어서 돌면
주머니 속 피리소리

눈 들어 젖은 생각
이미지로 말려 본다
새하이얀 여백에다
침 묻혀 뼈를 씻고
종이 하나 접고 푼 기억
무릎 치는 깨달음이여.

시조문학, 1994. 봄호

쌀 개방 후

그 물결 일렁이는
들판은 꿈이다

풍년이 우리 어깨
일으키던 때

그때는 신이 났었지
한 톨 쌀이
될 때까지.

자유문학, 1994. 봄호

녹색 지키기

1

 미국 클린턴 대통령이 '기후 변화 플랜'을 발표하면서 짤막한 연설을 했다.
 "우리는 이제 경제를 환경에 연결시키는 과제를 시작했다. 다른 산업 국가들이 하루 빨리 구체적이고 현실적이며, 실천 가능한 계획을 만들 것을 촉구한다. 남보다 앞서 실천함으로써 우리는 온실가스를 줄이면서 경제를 성장시키고, 미국 안에 기술과 임금 수준이 높은 새 일자리를 만들어내는 좋은 기회를 갖게 된다."
 이 말은 환경과 경제 활성화와 대외 경쟁력 강화라는 세 마리 토끼를 모두 잡겠다는 야심에서 생겨난 말이라고 생각한다.

    푸른 강 이쯤에서
    아프도록 물매 맞는다
    가슴들 찢어 놓은
    우는 적은 누구인가
    사는 일 부럽지 않아
    차라리 던지고 말 일.

2

 국제 표준화 기구(ISO)가 지난 91년 7월부터 추진하고 있는 '국제 환경 경영 규칙'도 불똥이 튄 분야다. 앞으로 발효되는 이 규격은 제품의 연구 개발에서부터 원료 채취, 생산, 유통, 판매, 폐기에 이르기까지 환경에 대한 유해 여부를 따져 품질을 인정하는 제도다. 이 제도는 조만간 강제 인증 제도로 발전할 가능성이 있다. 이렇게 되면 개도국들은 선진국들로부터 환경 관련 로열티를 주고 들어와야 한다.

이제 우루과이 라운드(U.R.)에 이어 그린 라운드(G.R.)의 시대이다. 이미 우리는 그 파도에 휩쓸리고 있다.

  돌아보면 한 자락
  삶은 또 무너지고
  나무들 피 생채기
  낮게 숨어 씻는다
  발 밑에 구르는 천 년
  석기 시대로나 묻어 둘 걸.

현대시조, 1994. 여름호

투명성

들리는 종소리
새벽 강을 열어 가면
혼자서 고이는 이슬
그리움을 적셔 내고
책갈피 하나씩 젖혀
산과 들을 접어 둔다

가난이 생각나는 날
떠난 사람 비쳐 오고
비워 두면 채워지는
바람 한 결 벗은 몸
기대어 긴 침묵 밖에
밤이 누워 유혹한다.

광주문학, 제8호 1994. 12

종달새 그리고 바슐라르에게

낭만주의 십구세기 사래 긴 밭에 보습 대면
보리싹 푸른 그림은 그대 눈에 넘쳐나고
얼마나 부드러운 세상 다스리느냐 노래 속을

맑은 날 황금잔에 수정 조각 떨군다
수직 비행 그대 목소리[1] 유리벽도 퉁기고
오월은 쉘리[2] 귓가로 솟는 샘물 바람일레

지금은 뿌연 하늘 그 시대로 돌아갈까
이십세기 공해 망루 개방 앞에 떨어져서
무참히 찢겨진 부리 미슐레여 미슐레여[3] 미안하이

---

1) 바슐라르는 〈상승과 기쁨의 영상〉에서, "종달새는 대지를 떠나 순식간에 수직으로 떠오른다. 그 소리는 해방이 아니고 바로 자유이다. 왜 종달새의 노래 그 수직선이 인간의 영혼에 이처럼 큰 힘을 주는 것일까. 그것은 종달새 소리의 신비함 때문일 것이다."라고 말하고 있다.
2) 쉘리는 〈종달새에게〉라는 시에서, "말해다오, 가르쳐다오/ 요정 같은 새여/ 이처럼 신성하고 기쁨에 넘치는 파도를 던지는/ 사랑이나 도취의 찬가를"이라고 노래하고 있다. 즉 쉘리는 종달새의 눈부신 불가시성을 기쁨의 파도 언어로 노래하였다. 쉘리는 그것이 우주적인 기쁨, 육체를 갖지 않는 기쁨, 게시를 가져오는 전혀 새로운 기쁨이라는 것으로 이해했다.
3) 르시앙 볼프는 종달새에 대하여, "이미 새의 개체적인 정력이 아니고 동물계나 인간계의 혼합된 기쁨, 그 모든 감격의 표현"이라고 했다.

그대가 토해 내는 건 피같은 검붉음 뿐
총구에 떠오른 아픔 위정자가 쏘더라도
뙈밭 끝 농투산이 가슴 미어지게 쏟자꾸나 배뱃종 뱃종!

          현대시조, 1994. 가을호

창호지

아버지의 뜻일까
울창한 기슭살이

소모는 고삐 손에
노을은 감겨들고

흰 가슴 내민 기다림
소슬바람에 퉁겨 본다.

문학공간, 1994. 10월호

실

지금은 꼬임의 시대
재앙이 끼여들다

주머니 속 사직서
내놓을까 버릴까

바늘귀에 해 지는 빌딩
술에 마냥 젖는다.

시조문학, 1994. 겨울호

가을비 그리고 미연이

적셔서 살아가는 새 날은 고달퍼도
실실한 소리 매듭 찾아들 듯 떼어내니
또닥여 도토리 잎은 아픈 살갗을 누이고

잎잎에 발 씻는 너는 청명이 그리울까
단풍 속 아니면 섭리의 무게 기댐
세워라 이쁜 귓볼을 제 어깨에 닿도록

세상사 접고 보면 얼마나 아름다우랴
젖은 입술 넌지시 부끄럼도 내리고
둥글게 지우는 설움 마른 풀에 그리다.

한맥문학, 1995. 5월호

신록에게

초록잎 그대 마음
고운 정 방울지고

가슴 펴 넓은 뜻
새롭게 안으시다

굳센 힘
빼어난 슬기
더 힘차게
벋으소서.

시조문학, 1995. 가을호

울돌목에

쳐들어 바다 속에
휘몰아 우는 물구비

바람 잡아 흔드는
열두 척 슬기 모아

한이여, 맺힌 역사를
차게 끊던 쇠사슬

깨어라 응어리
솟구친 호령 꿰고

시퍼런 그 지략
단호히 적을 뚫다

넘겨와 단칼 번개는
안일 자세 꾸짖다.

자유문학, 1996. 여름호

방房

기다림 은근 도는
자리 혁명 세간
문갑 위 커튼 자락
난분 하날 피우고
주인장 부르는 소리
나란 나란 퍼진다

눈떠서 맑은 웃음이
화장대를 달리고
기지개 액자 보자기
장농 마침 머물다
문 밖에 뜨거운 기침
깨어나서 힘 낳다.

호남학생신문, 1996. 6. 27

기둥

믿는다 너만을
일깨우던 그 말씀
깊은 속 주춧돌에
뜨거이 되뇌이며
세상일 극복하는 일
바로 서는 보법이다

사랑이 짓는 식솔
소망 세워 받들고
일어서서 황톳땅을
키 낮춰 묻히느니
천년 세 가르치는 길
발끝에서 힘솟다.

한국교육신문, 1996. 11. 13

마루

방으로 디뎌 가는
널빤지 서너 개쯤
헤엄치듯 걸레질이
관솔 테에 출렁이고
햇살 넌 나뭇결 따라
반질 손매 바쁘다

봉놋방 가는 댓돌
대청목에 시작느니
틈새 자리 기인 쪽에
숲을 바라 누이고
기둥 곁 목침 끌어서
앞 뒷산도 부른다

짝 판자 못질 박게
맞춤 인연 강산 세월
한 번이 두 번 세워
세 번 일상 두드린다
줍는가 식구들 사연
사뿐 가서 웃는 참.

교육평론, 1996. 9월호

고추장

그리매 손맛 스민 할머니 영정 앞에
어깨 새 아쉬움이 평상 귀를 치며 달며
한 소절 마당 돌아라 장독 봉선화

소고삐 따악따악 쫑나무께 당겨 내며
항아리 돌아가는 굳은 금을 찾아서
가을 눈 출렁어 덮는 소용돌이 밀미어

접시꽃 정든 뜨락 내 빈 속 달래고서
반색기 보리밥에 짧은 순갈 찌르노니
이 세상 매워도 듬뿍 비빔밥에 꽂든다.

자유문학, 1996. 여름호

택시 잡기

손들면 시켜주랴
책상 밖에 나간다

빼앗긴 발언권
그래도 다시 한 번

에잇 쌍 빈 땅만 굴러
추운자는 빈대떡

발 구르면 성공하랴
분노도 삭여 두고

빼앗긴 공해 옥토
그래도 다시 한 번

화풀이 동동 굴러도
돈 없으면 그만 둬.

자유문학, 1996. 가을호

퇴원

해묵은 침상들이
물러선다 느릿하게

트인 숨 나직 뿜어
이른 향 꽃이 되니

보아라
쑥대 출개도
해면 속에 푸르고

망해사 그리는 꽃
새 소리로 만개할 적

개벽하는 솔잎 안개
피리 낱에 꺾어 쉬니

의연히
두드린 세상
지팡이 끝에 다듬다.

시조문학, 1996. 겨울호

아, 경사耕史여

푸른 날이 그리웠다 아름다운 남도 들녘
둥글게 손잡고 휘파람 날리던 날
온 도민道民 흔들었다 나라 찾기 소리소리

탁연한 의지 뒤에 녹봉祿俸도 져버리고
빼앗겨 슬픈 손 헤집어 찾아줄까
열린 맘 가슴에 담던 아, 경사여 경사여[1].

현대시조, 1994. 겨울호

---

1) 경사耕史는 본명이 변순기邊舜基이고 경사는 그의 호이다. 그는 구한말 전남 장성에서 출생하였다. 일제 강점기에 교직을 버리고 독립운동에 전념, 3·1 운동 때 광주에서 독립선언서와 태극기를 배포하고 만세운동을 하다가 일경에 체포되었다. 이후 온갖 고문을 당하다 풀려나 곧바로 신간회新幹會에 가담 민족운동에 진력했다가 다시 옥고를 치렀다. 그 후 후학들을 가르치다 향리인 장성에서 그의 여생을 마쳤다.

노을에게

풀어서 까맣도록
돌리는 업고의 춤
새 물든 갈대밭에
정 뿌렁 벋어가서

아르르
아르르 쏟는
새끼 새의 울대날

맹순네 담장 넘어
깨금발로 엿보고
삽자루 꼬누 들어
사립문에 서면 잉

꽃치자
색물로 드는
술 바가지 부끄럼.

시조문예, 제26집 1996. 11

소나기

풀잎도 싫다 누운
지겨운 삼복 더위

후두둑 벼락이듯
쳐들어온 그 손님

쿵당쿵 듣고 있으면
냇물 소리 반긴다

씻고 싶다 먼지 잎
보고 싶다 무지개 빛

검은 구름 몰고 와서
쾅쾅쾅 쏟아 붓다

쨍강쨍 밑든 날 베니
산들 빛이 놀란다.

시조문학, 1997. 가을호

가위

넓은 세상 굽히려든
쥐고 펴기 연습하기
짧은 길 에돌아서
길섶 오려 다듬기
올 때는 털끝 자락도
날리는 법 배우렷다

가윗밥 쓸어모아
협도 다시 먹이기
한 치 뒤 물러서서
끊는 힘 가늠하기
나온다 반짇고리서
자르는 멋 듬두렷

벌렸다 다문 입 안
양 귀 끝에 맞추기
조임못 어긋 매끼고
지레축 다리 치기
만날까 어깨 귀퉁에
가장자리 발라내면.

현대시조, 1997. 봄호

아버지의 여유

큰 바작 새벽 깔을 마당가에 부린다

사립 쪽 복슬이 쓰다듬어 앉히고, 쭝나무 곁 쇠앙치 똥딱지 솔질 끝에 잊을세라 돼지막 꾸정물 서너 쪽박 따라 주고, 뻘건 퇴깽이에 싸랑부리 풀을 던지다, 곧 헛간 주위 달구새끼 쭈주주 불러 모아 보리 한 줌 뿌려 주느니, 추우면 어쩐다냐 마람 엮어 울타리 쳐주마 그래

헛다 크, 막걸리 사발에 기침 안주 어엇 흠!

광주문학, 제11집 1997. 12

소쇄원瀟灑園에서

대숲에 끌리다 보면
속세 멀리 흔들린다

성산星山 끝 치올린 이마
가을 햇살이 파계하고

자미탄紫薇灘 승계 호숫가
산문山門 뜸뜸 부서진다.

광주북구보, 1977. 10. 15

서녘이 강변 깊이
비수 몇 개 꽂아 두고

가슴 그득 고이는
눅진 피를 마신다

6

바람과 갈대

풍요로운 가을

둥그런 만삭 위에
장구배미 길게 눕고
해 중천 외칫길로
볏단들이 자식 같다
세상 사 이쯤 와서야
고생 끝을 느낀다

옹골진 가슴마다
채워지는 하늘이다
두둑을 캘 때마다
알갱이는 재롱 물고
당겨라 팽팽한 호미질
알찐 몸통 내 새끼들.

현대시조, 1998. 여름호

금수강산

설악이 기운 얻어
태백 혼에 번어가다
노령의 붓끝에서
한 획으로 점지하니
진달래 흐드러져라
북녘 땅이 춤춘다

백두에 한라까지
무궁토록 피우리라
공들인 폭포 한 땀
수틀에서 줍는 날
해돋이 오천 년 터가
예 있고녀 벗님네.

치악예술제, 1996. 11

기원祈願

초록잎 그대 마음
고운 정 방울지고

가슴 펴 넓은 뜻
새롭게 안으시다

굳센 힘
빼어난 슬기
더 힘차게 번으소서.

자유문학, 1997. 가을호

노래방 마이크

손잡이 둥근 맨몸
그물망에 노래 싣다
가는 목청 돋궈내는
줄기 끝 이우는 곡
그대여 높여 부르라
한恨 겹겹 묻히는 날이니

다듬어 다듬어서 빚는
오색 떡이 옥쟁반에
먹여줄 초대의 시간
전선줄에 감겨 돈다
굽 낮춰 외치는 사랑
손 안 뿌듯 익느니.

시조문예, 제27집 1997. 11

J 시인에게

억새풀 베낸 자리
꿈이 다시 파랗다

투명토록 비운 마음
동녘 해로 실리니

효심 불 밝힌 세상이
은빛 타고 흐른다.

물소리 바람 소리
깨우쳐서 밝힌 귀

그대 차마 못 떨친
회한의 백지에다

진한 삶 깊은 시정詩情을
수묵 듬뿍 갈긴다.

현대시조, 1998. 여름호

바람과 갈대

서녘이 강변 깊이
비수 몇 개 꽂아 두고

가슴 그득 고이는
눅진 피를 마신다

고적히
거슬러 오는
비운 같은 생이여.

넘을 듯 쏠린 허리
자진모리 올리는 날

까마득히 부려라
타오른 오르가즘

휘어져
이승의 발이
미친 듯이 웃는다.

시조문학, 1999. 봄호

모래

햇빛에 묻어난다
발목 깊이 젖는 음향
은비늘 비쳐내는
소꿉 안 울타리에
손 반짝
실린 바람결
해당화가 기운다

속살은 잡힐까
만지면 웃는 볼
발가락에 감겨오는
색 초롱 실꾸리
바닷가
노을 수틀에
은혜 잘게 붓는다.

문예사조, 1998. 4월호

부침개를 먹으며

동글여
고픈 배를
부침질로 막으려고

머리 손 맞대어
누름적을 집는다

또그르
생각이 굴러와
산아래서 혀 감다.

문예사조, 1998. 4월호

안개

우리 꿈 흐려지면
보이지 않아 어떻거나
막막히 멀어져간
낯선 길 서러워 눕고

산막 앞
흐려둔 수묵
붓자락이 깨우네

때로는 아린 눈에
숨은 햇볕 찾아보면
미지 속에 넘나드는
말꼬리도 자유롭다

숲 속에
가까이 젖는
푸른 적막이 슬프다.

한국교육신문, 1992. 2. 1

굴비

칼바람이 서러운 날
쟁반테도 빛난다

해돋이 덕장 사이
비릿비릿 흥을 보태

희노야
돌쇠노래로
촘 어망에 기댄다

한국동시조, 제9집 2000. 봄호

지리산을 오르며

구름받이 세워두고
산지붕에 묻힌다

오르내린 능선벌
억새 돋히는 휘파람

이쯤에
세속을 벗고
반야 열반을 엿본다

고요가 침묵하는
영겁도 빌려 타고

잡힐 듯 오름길로
한 생을 보듬느니

뻐꾸기
긴긴 울음이
구절 산하를 파먹는다.

시조문예, 제29집 1999. 11

파지가 된 원고지 앞에

불빛에 흔들리는
낡은 가슴이 울어쌓다

사랑을 쓰는가
유년을 찢는가

하 무상
세월로 돋는
들꽃들이 사납다

빗소리 물결 소리
깎는 소리 깊어지면

가슴앓이 혼절 딛고
얼씨구 일어나지

되짚어
우는 벌에서
유배지가 도 불탄다.

현대시조, 1999. 가을호

밀감을 맛보며

햇살로 빚어낸 세상을 따던 날
남국의 수술실은 봉합 같은 두려움
상처난 꼭지 아픔도 가만가만 수송하는

쟁반 속 사랑 한 알 이식하는 가슴마다
은메스 알갱이 튀는 새 생명 하늘키고
손마다 노랗게 젖는 상큼한 맛 감전이

이제는 그대와 나 야합의 꿈을 꾸고
청사초롱 도는 자리 껍질마다 부활느니
어화둥 옷 벗기는 사랑 시큼달큼 나눌사.

시조문예, 제29집 1999. 11

시조 쓰는 시간에

까짓 것 욕심 하나
팽개치듯 털고 나면
우수수 생활 비듬은
책상 앞에 내리고
해탈에 빠진 언어가
얼굴 씻어 해맑다

생각은 무궁하다
묵은 노트 어딘가
첫사랑 하이얀 깃
푸른 펜에 적셔 내면
강바람 스치는 운율
별이 되어 쫓는다.

시조문예, 제28집 1998. 10

라면 상자

오오래 잊을 뻔한 까막한 내 친구야
봇짐 싸 삐딱히 올린 등불 켠 마루 구석
묶은 정 오므린 곳에 손때 마냥 섞인다

돌아보면 우리 지평 사방으로 막히고
은둔이 차라리 자유로운 삶인 것을
세워둔 회벽 하나로 빗줄기를 당할까

세상은 울어야 넓어지리 찌그러진 몸 위에
비웃음 뿌리다 골방처럼 갇힌 무게
그래도 끈을 당기면 아 날아갈 듯 꽉 찬 힘.

현대시조, 1999. 가을호

풀섶들의 어깨춤

바람이 숨겨 놓은
귓속말을 굴려 보고

차르르 율(律)을 넘겨
이슬 한 알 보태느니

해와 달 몸짓 세워
어깨춤이 끝없다.

한국동시조, 제8집 2000. 겨울호

화엄 華嚴

잎잎 속 천년 세월
하염없이 묻히고

중생을 인도하는
무설법無說法의 설법이

무상타
화엄 시편華嚴 詩篇에
한 소절로 깃든다.

법고法鼓 위 마른 가슴
청솔 바라 기대니

사바 끝 쪽진 번뇌가
햇빛 울음에 눈부시다

재워라
에워싼 가람
세상 업장業障이 눕도록.

현대시조, 1999. 겨울호

오이 맛

사근이 속살 돋궈 녹색옷을 벗긴다
둥근 몸 꼭짓대를 솔기쳐 따내고
기다림 큰 접시에다 노래 한 줌 뿌린다

상큼한 맛 내음이 미련을 더 탐내고
버무린 나박살이 불빛처럼 얼큰하니
이렇듯 세상 뒤집어 입에 채우니 옹글지다

그대가 꿈꾼다면 나는 어이 깨어나리
아픈 속 다스리는 합환주로 액변液便하여
잠들어 스며드는 힘 희디희게 환생한다.

시조문학, 1999. 가을호

가을 설악에 그림을

아이야 미치것다
저 물 좀 보래이

세상이 머물러
안으로 숨는 산

붉은 빛 자지러진 날
물 속에다 숨 놓다

이제는 붓이 막혀
더 이상 못 그리것다

산 색깔 걷어내며
조심스런 한숨들

한 획씩 빛발로 그어
화폭 가득 뒤집다.

시조문학, 2000. 겨울호

만월을 기다리며

하늘 새 이즈렀다
일어서 굽는 저녁

상현달 매무시로
만삭滿朔을 기두리니

장수여
활 하나 지고
과녁 앞에 솟구라.

문학춘추, 2001. 봄호

무無

큰 산은 정적을 풀어
하해河海 깊이 재우고

모올래 켜는 울음
수피 가득 돋히느니

어둠아
제 무덤을 열어
여승 하날 묻어라.

월간문학, 2002. 3월호

시조 창작 뒷말

기침의 언어
사랑과 그리움
정돈과 균제
대상에 관한 긍정적 혜안
간절곶에서
인물 시조 창작 이야기
이제 세계화 주역은 '시조'이다
저녁에 아침을 기다린다

시조 창작 뒷말

■ 기침의 언어

아버지의 기침소리는 이상한 규칙을 갖고 있었다. 잠든 식구들을 정한 시각에 깨우는 말하자면 철저한 기상 신호였다. 불안 속에 뱉아 내는 아버지의 기침이 우리의 잠결을 느닷없이 덮칠 때면 아무도 더 이상은 누워 있질 못했다. 그 시간이면 마치 소나무 생채기에서 찐득여 흐르는 송진액처럼 우리는 그만 고통스럽게 눈을 뜨곤 했다. 그러나 식구들은 차츰 그 기침을 익숙한 알레르기의 습관으로 추인하기 시작했다.

부끄러운 이야기지만, 나는 소년 시절을 아버지의 바튼 기침 소리와 함께 자란 아픈 기억을 함께 하고 있다. 그게 비단 기침 소리만이 아니었다. 목마른 사랑처럼 시의 고통스런 언어를 자지러지게 뱉고 있는 나도 아버지의 기침 소리와 함께 거기 살아 있었다. '오, 아버지!' 실눈 뜬 소년의 가슴에 각인되고 있는 땀밴 구원의 절규는, 누나의 율조 있는 서러움처럼 늘 새벽 이불 속에 가득 넘치곤 했다.

그 뒤 슬픈 시간이 젖어 있는 편도선 안쪽 내 노래엔 맺힌 한처럼 응어리가 주렁주렁했다. 그 응어리를 찢고 나오는 불

가사의 시어들은 바다 복판의 조각배처럼 동정적이거나 보호적인 호소가 많았으나, 그게 시조로서 명명된 것은 훨씬 뒤의 일이다. 그같은 내 서정의 스타일이 어쩌면 허무라는 울타리에 갇혀 있게 될지라도 나는 당분간 그 가난한 울타리를 부수지는 않을 것이다. 아버지가 무언 속에 주신 신호가 아직도 내 가슴엔 끈끈한 때문이다.

다들 편리함만을 일삼는 문명에 나도 동참하여 콘크리트 같이 딱딱한 시의 담을 칠 때도 물론 있다. 그러나 내 시조 쓰기는 경험과 여정에 좀더 솔직해진 후에야 거듭할 것이며 가급적 부드럽고 신선한 이미지에 충실해지고자 한다.

내 무의식에 자리한 시조의 기침과 가락을 다시 일깨워 주시고, 부끄러운 곳의 한 문신처럼 특별하게 자극해 주신 '시조문예상'의 심사위원님께 엎드려 감사드린다. 내가 이 상에 어떤 보답을 더한다 해도 역시 깡마른 이 고통의 기침소리밖엔 더 들려줄 게 없어 그냥 씁쓸하다. 그러므로 이 상에 대해 더 미안하고 송구스러울 뿐이다.

시조문예, 제18호 1992. 10

■ 사랑과 그리움

우리의 음모는 늘 패배로 끝나고 말 것인가. 남모르게 꾸민 사랑의 간절한 그리움에서 비롯되는 획책은 사람들의 지탄을 받으면서 더 다져질 것인가 아니면 해체되어 아주 없어질 것인가. 우리가 바라는 개혁은 이제 오지 않게 되었단 말인가. 혁명, 그 찌그러든 구두코 같은 닳아짐이 있기도 전에 우린 이미 그것을 벗어 던지고 유행의 홍수 속으로 빨려들곤 한다.

　인간의 가장 고귀한 정서란 흔히 사랑이라고 한다. 그러나 본질적인 사랑과 그리움의 시학은 현대시조의 주제에서 변질된 형태로 표출된 지 벌써 오래되었다. 물질적 시풍이 보편화된 현실인데, 지고한 사랑의 높은 이미지만을 원고지 앞에서 꿈꾸려 한다면 이는 분명 하나의 퇴영적 논리일 게다. 그렇다고 혹자가 지적한 것처럼 그것이 보수적인 사랑의 판에 박은 공식은 더욱 아니다. 엇바꾸어진 정신 혁명의 소산이라고 이제 그 부정관은 전환되어야 옳지 않을까. 갈등 구조가 내재된 내 과거의 사랑 표출이 어쩌면 모든 이의 보편적 편력에 귀납될 수 있다는 전제논리의 관점에서 사랑과 그리움의 상징적 파급물을 선정해 본 시편들로 신작 특집을 꾸렸다.

시조문학, 1992. 겨울호

■ 정돈과 균제

　시조시란 한 순간의 정서를 표현하기 위하여 새롭게 꾸미는 묘사적 도안이라 할 수 있다. 이 도안에 담아내는 사물의 의미는 율격의 거름종이에 넣어지고 알맞은 음량과 이미지의 가열이 다시 있기 마련이다. 이렇게 정제과정을 거쳐 나온 작품은 우리의 감정을 한풀 누그러뜨리는 힘이 있다. 감정이란 게 생활에서 직접 겪는 순간에는 아무리 고통스럽고 억제할 수 없는 것처럼 표출될지라도 일단 시조의 형식을 취하게 되면 정돈미와 균제미에 의해 재포장되어 나타난다. 거친 감정은 순화되고 불규칙적인 것은 음보나 내적 규칙의 질서 속으로 귀의하게 되는 것이다.

　이처럼 시작에 의한 제어 작용은 전통적 장르인 시조에서 가장 두드러지게 나타나는 현상이다. 시조는 우리의 정서를 보다 시적 원만성과 미적 성숙함을 이끄는 힘이 있다. 그래서 시조는 여러 장르 중에서도 가장 섬세한 리듬이나 구조를 획득하는 최상위적 균제 모형이 되는 게 아닐까.

　앞으로 이러한 최상의 작품을 쓰는 자세를 계속 가다듬고 가다듬으리라.

현대시조, 1993. 여름호

■ 대상에 관한 긍정적 혜안

　대상을 보는 데에 치밀해지고 싶다. 그리고 이쁜 여자에게 쓸데없이 말걸 듯 시적 대상을 사랑하고 싶다. 그리고 차이를 변별하는 일에는 더 신중해야겠다. 그러려면 주유기처럼 눈에 혜안의 기氣를 넣어야 한다. 똑같은 웃음이지만 어제와 오늘이 각기 다르다. 물론 웃기는 대상이 달랐기 때문이리라. 같은 책상이지만 시간 전과 후의 모습이 달리 보인다. 그건 카프카의 사고처럼 어떤 일로 감정 진폭이 변했다는 신호이다. 원효가 득도한 것도 바로 이 대상의 차이가 아니었을까. 그는 잠결에 갈증으로 물을 찾던 중 머리맡 바가지의 물을 맛있게 마셨다. 이튿날 아침 그토록 맛있게 마셨던 물이 무엇이었을까 두리번거렸다. 그것이 해골에 담긴 썩은 빗물이었다니.

세상에 부정적인 대상이 존재할까. 아무래도 우리의 편견에 불과하다. 그러므로 시조는 표현하고자 하는 대상을 시선과 사색으로 깊이 긍정하는 데서 성공적인 출발을 한다는 생각이다. 해골이건, 바퀴벌레건, 양잿물이건, 하찮은 대상도 긍정하는 것, 이것이 내가 갖는 생활시조에 대한 감각운동이다. 일상에서 혁명을 획책하는 것, 그때 시조는 내 품안에서 웃는다. 대상을 재궁구하는 거듭되는 의욕을 살리자. 그러나 절실하고도 구체적인 시적 체험이 뒷받침되어야만 한다는 것을 잊지 말자.

시조문학, 1997. 가을호

■ 간절곶에서

보헤미안도 아니면서 동해의 해돋이를 놓치지 않으려고 무작정 간절곶을 들렀있다. 삶이 고단할 땐 승지를 돌아보라는 말이 있다. 그렇듯 내게도 생활의 전환이 필요했다. 어린 시절, 수수밭 고랑을 타며 지나온 잎사귀들의 스침에 자락바람을 일으켜 보는 게 새로운 즐거움이었다. 지나가는 길이지만 일출의 장면이 가장 빠른 동네가 있다는데 그냥 갈 수 없지 않은가. 해돋이는 어쩌면 생을 흔드는 장관이었다. 화사한 앞모습에 감탄하여 지나치는 사람도 몰라보는 경우가 있다. 거기 일출이 그랬다. 이제 시조를 구원하는 작업이 망망바다에 거품을 적시어 오르는 일출처럼 독자의 마음에 혼절 가득 차기를 간원한다.

광주문학, 2002. 봄호

■ 인물 시조 창작 이야기

　나는 인물시조를 쓸 때 나만의 색소를 물에 개이듯 고독감을 풀어놓는다. 그때마다 흰 종이에서 시조가 염색되어 나온다. 은행창구의 대기 번호표처럼 프린터기를 통하여 스르르 빠져 나오는. 그때 객체인 당신의 눈은 별처럼 반짝인다. 그 무렵 가느다란 실눈을 뜨고 당신은 이상스럽게 행동한다. 내 시조와 감정이 번호판처럼 맞는가를.
　이제 당신이 무엇을 하려는 것쯤 나는 뻔히 알고 있다. 비판을 가하려는 당신의 뜻을. 주위는 서서히 황혼에 물들기 시작하고, 그 속에 억새풀은 고독처럼 길다. 마침내 풀들이 바람에 흔들리며 시조에 다가온다. 당신의 평가를 진지하게 옮기며 나는 '마음 깊은 기원'을 드리운다. 좀더 나은 시조가 나오기를. 하지만 당신은 또 초롱초롱해진다. 그래, 당신의 '새 자리'에서 나는 새삼스럽게 '한 자리 가득히' 쌓이는 '끝없는 정'을 느낀다. 당신의 눈빛을 순수하게 쬐는 것은 너무도 기분 좋은 일이다.

시조문학, 2002. 여름호

■ 이제 세계화 주역은 '시조'이다

　그 나라의 전통이 세계 일류 국가의 경영을 주도한다는 말은 이제 새삼스럽지도 않다. 우리가 늦게 깨달았지만 이는 오랜 경험적 소산에서 비롯된 말이기 때문이다. 전통이라는 고전적 때가 끼인 것일수록 새로운 가치를 불러일으킨다는 아이러니 같은 논리에 착안하지 못한다면 그같은 문법은 사문화되고 만다.

  앞으로 정보화를 주도하는 지식강국이 되기 위해서는 전통 문학의 향수享受가 필수적이다. '세계화가 곧 향토화'라는 공식 말고도 세계는 이미 지역적 특성과 미각을 정보화를 통해 갈구하고 있다. 세계인들이 우정과 상호 이해의 핵심적 의미체로 그 나라의 전통문화를 다투어 알고자 또는 알리고자 하는 이유에서이다. 그 시사적 메시지를 인상깊게 주고 있는 것이 월드컵 4강이었다. 신화를 이루어낸 광주에서 향토적 정서를 세계인들이 배우고자 애썼다는 단순한 동기만 가지고도 그 시사성은 감동을 주기에 충분하다. 혹자는 정보화에 퇴보하는 전통 문학 같은 것을 논의하는 게 무슨 소리냐고 흰눈을 갈길지 모른다. 그러나 도시적 문명 구조와 정보화 사회일수록 전통과 사연의 인프라, 그리고 그것을 반영한 작품 감상이 필수 요소로 작용한다. 메마르고 딱딱한 정보화에 부드러움으로 활력소를 주게 되고, 전통은 그에 서정의 촉촉함으로 비를 뿌려주기 때문이다. 따라서 첨단과학의 시대일수록 전통의 맥을 잇는 시조 장르는 꼭 필요하다. 따라서 각종 산업 박람회 장이나 기업체 홍보 전에 서정적 정서를 유발할 수 있는 간명한 시조시화를 내걸거나 좋은 시조에 대한 영상자료를 함께 배치하면 더욱 효과적인 홍보 전략이 될 것이다.

광주문학, 2002. 겨울호

■ 저녁에 아침을 기다린다

최근 문학에서는 창작 장르가 다양해지고 있다. 기존의 각 장르에 덧붙여서 최근에는 사이버문학이나 판타지문학, 전자통신문학, 청소년문학, 민조시, 동시조 등의 영역까지 확대해 가고 있다. 이와 같이 현대 문학의 장르는 더욱 다양화되고 전문화되고 있지만 우리의 전통시에 대한 관심은 엷어져 가고 있는 게 현실이다. 사이버문학을 위시하여 창조적인 신세대 문학은 일시적인 유행의 장르일지 모른다. 이러한 환경에서 전통적 형식을 살리는 시조 쓰는 일은 시조 알기의 맥을 잇기가 상대적으로 어려운 일이다. 그러나 그 어려움은 극복되어야 하고, 이 일은 누구도 아닌 시조시인들의 뼈를 깎는 인내와 고통의 몫이다. 이것이 시조의 저녁 참이다. 기성인과 원로시인들이 시조 창작에 대하여 깊이 반성하는 시간이 필요한 시간인 것이다.

호남시조문학회에서는 회원으로서 만나는 사람을 따로 정해 놓지 않고 있다. 시조문단에 등단하여 시조를 아끼고 즐겨 창작하며 다른 사람의 작품을 자주 읽을 줄 아는 사람이면 거의 무조건적이다. 차제에 전례없이 문호가 넓혀진 문단에 많은 시조시인들이 등단하기를 바라고, 특히 호남시조문학회에 들어와 활동하기를 바란다. 이것이 우리가 차리는 시조의 아침상이다. 맛을 즐기면서 읽을 줄 아는 사람이 들어와 활동하는 곳이다.

매년 우리는 연간집 발간, 시조문학기행, 시조백일장, 시조낭송대회, 시조시화전, 시조세미나 등이 기획하고 있다. 이 행사 중 앞으로 시조 낭송에 대해 진지한 검토를 거쳐 확대시행할 예정이다. 낭송이야말로 시조의 생활화에 가장 큰 작용을 하기 때문이다. 우리 국민이 늘 가까이 시조집을 옆에 두고 읽고 암송할 수 있다면 얼마나 좋을까. 프랑스의 어머니들처럼 늘 전통 시를 아이 곁에서 낭송해준다면. 그렇게 분위기가 조성된다면. 우리도 학창 시절부터 우리의 전통시 시조를 자주 읽는 습관을 기르도록 노력할 것이다. 이제 각 학교에서는 '독서의 생활화 교육'을 내걸고 시조문집을 만들고 시조 암송대회를 열고 있다. 저변 확대를 위한 학부모의 시조에 대한 독서 분위기와 시조 암송에 대한 관심도 차제부터 점차로 높여나갈 것이다.

 이것은 진정한 의미의 시조의 아침이다. 새벽을 여는 건강한 몸짓으로 창작하고자 하는 시조적 의욕을 솟구쳐내는 것, 그리고 좋은 시조를 가까이하고자 하는 생활 분위기를 만드는 그런 싱그런 아침 말이다.

광주문학, 2002. 겨울호

작품 단평 모음

언어의 직조와 미적 감동

이재창/ 이해인/ 조주환/ 정소파/ 이기반/ 오동춘/ 윤덕진/ 노대규

작품 단평 모음

언어의 직조와 미적 감동

이재창/ 이해인/ 조주환/ 정소파/ 이기반/ 오동춘/ 윤덕진/ 노대규

  최근 들어 노창수 시인은 시조 창작에 더 열성을 보이고 있다. 《한국시》, 《시조문학》, 《현대시조》, 《자유문학》, 《월간문학》 등, 각종 문예지에 의욕적으로 작품을 발표하고 있으며, 평자들은 그의 시조 작품을 매번 월평이나 계간평에서 문제작으로 주목하여 평가하고 있다. 이처럼 그는 시와 시조의 양면에서 탁월한 능력을 보여준다. 그의 시적 치열성은 나이에 비견할 바가 아니다. 그의 끊임없는 문학적 열정은 한 곳에 고정되어 있지 않고 세계 곳곳에 그 시선을 투시한다. 그리고 그는 반성하고 또다시 도전한다.

이재창, '남도문학 현장을 가다' 〈광주매일〉 2003. 10. 8. 수

연필 들고 바라보라
푸른 산 여기저기
새 시상 혼자 키워
써 내린 분신들
모퉁이 길 걸어서 돌면
주머니 속 피리소리

눈 들어 젖은 생각
이미지로 말려 본다
새하이얀 여백에다
침 묻혀 뼈를 씻고
종이 하나 접고 푼 기억
무릎 치는 깨달음이여.

− 〈메모지〉 전문

  노창수 시인의 〈메모지〉라는 시조를 읽다가 내 수도복 주머니 속의 조그만 메모 수첩을 만지작거리니 시인의 표현대로 '주머니 속 피리소리'가 금방이라도 들려오는 것만 같다. 길든 짧든 한편의 글을 쓰려면 나 역시 얼마나 많은 메모지를 버려야 하는지 모른다. 무엇이든지 미리 메모해 두지 않고는 작품을 만들기 어렵다. 나는 어려서부터 워낙 메모하기를 좋아했다. 더구나 요즘은 무엇이든지 잘 잊어버리는 나이가 되다 보니 생활 전반에 걸쳐 메모는 중요한 몫이 된 셈이다. 시를 쓰기 위해서 뿐 아니라 소임에 필요한 사항을 적기 위해서, 부탁 받은 일들을 잊지 않기 위해서 나는 늘 이 시조에서처럼 '메모지'를 가까이 둔다. 그래서 수도복의 속주머니뿐 아니라 내가 쓰는 책상 위에, 성당 자리에, 서가 위에, 침대 머리맡에, 손가방에 작은 수첩이나 '메모지'를 즐겨 놓아두다 보니 이왕이면 예쁜 '메모지'들을 좋아하는 종이 욕심쟁이가 되어버렸다.

이해인, 《꽃삽》 샘터사, 1994

서녘이 강변 깊이
비수 몇 개 꽂아 두고

가슴 그득 고이는
눅진 피를 마신다

고적히
거슬러 오는
비운 같은 생이여.

넘을 듯 쏠린 허리
자진모리 올리는 날

까마득히 부려라
타오른 오르가즘

휘어져
이승의 밭이
미친 듯이 웃는다.

– 〈바람과 갈대〉 전문

 노창수의 〈바람과 갈대〉는 바람부는 날, 일몰 주변 바람에 쏠리고 휘어져 우는 갈대의 모습을 새로운 각도로 참신하게 형상화하고 있다. 첫수 초장에서 일몰의 시적 상상은 긴장감을 불러일으키며, 일몰의 붉은 놀을 '끓는 피'와 '타오르는 오르가즘'에 각각 비유함이 참신하다. 그러나 첫수의 종장에서 '비운 같은 생이여'라는 부분은

연결이 어색하여 어울리지 않은 감도 있다.

조주환, 〈계간 시조평〉《시조문학》1999년 여름호

  누구냐
  나 이리로 돌리우는 끈끈이
  두 마음 하나로도
  합해지는 일월인데
  떨어져 기다린 표정
  꽃처럼 설운지고

  불어서
  말리우는 눈 흘김도 아실까
  설익은 밥알 깨어
  봉함 정성 그 사연을
  둥글쩍 칠해 가느니
  솟아오른 추억 하나.

— 〈편지를 봉하며〉 전문

 분단의 통한痛恨, 불협화의 슬픔 속에 덧없이 흐른 세월이 겨레의 뼛속 깊이 사무쳐 눈물조차 마를 지경에 이르렀다. 떨어져 그리운 형제자매의 소식마저 까마득한데 못 잊을 추억을 되새겨 받을 이 없는 편지를 쓴다. '설익은 밥알 깨어 봉함 정성 그 사연을'에서 보듯이, 얼마나 조바심치는 사연이기에 설익은 밥알을 깨어서까지 정성스레 봉하는 것일까. 시적 화자의 애절한 심상은 처절한 당면 민족의 통분을 핍진하게 형상화한 것으로 호소력이 강

한 작품이라 아니할 수 없다. 그 밖에 당해 연도에 발표된 〈사랑〉, 〈청산에 들어〉, 〈대장간의 밤〉, 〈목탁〉 등 수작은 그 시 세계의 광활 심대함과 상징과 은유를 통한 시어 구사의 다양성과 능숙함이 정예 시인으로서 장래가 촉망될 뿐만 아니라 나아가 대성을 기대하는 마음으로 서슴없이 수상자로 결정하는 데 의견의 일치를 보았다.

정소파 외, 제9회 시조문예상 심사평 《시조문예》 제21호 1991. 10

적셔서 살아가는 새 날은 고달퍼도
실실한 소리 매듭 찾아들 듯 떼어내니
도닥여 도토리 잎은 아픈 살갗을 누이고

잎잎에 발 씻는 너는 청명이 그리울까
단풍 속 아니면 섭리의 무게 기댐
세워라 이쁜 귓볼을 제 어깨에 닿도록

세상사 접고 보면 얼마나 아름다우랴
젖은 입술 넌즈시 부끄럼도 내리고
둥글게 지우는 설움 마른 풀에 그리다.

- 〈가을비 그리고 미연이〉 전문

 노창수의 '가을비 그리고 미연이'는 3수 연작으로 미적 감동을 주는 작품이다. 특히 끝수에서는 가을비의 여운 속에서 인생을 성찰하는 관조의 멋이 선비 정신으로 승화되어 보다 미적 만족을 만끽하게 한다. 이런 상상력으로 하여 이 시조의 분위기와 정감을 상승시킨 능란한 기법에 더욱 호감이 간다.

이기반, 〈시조 월평〉《한국시》 1998년 10월호

사랑인가 미움인가
다가서는 소리 싸움

한쪽의 회초리로
그대를 다듬으면

꽃잎에 젖은 목소리
수틀 가득 밟고 간다

스며 있는 소음 몇 겹
생활에서 걷어 내고

풀밭 머리 벗어 놓은
적막 하나 찾아 들면

그대여 비우는 소리
노을 빛에 말리는가.

- 〈귀〉 전문

작품 〈귀〉는 삶의 정서를 조용히 읊고 있다. 사람에게는 누구나 귀가 있다. 그 귀로 고운 소리, 바른 소리를 들어야 한다. 여기에 '귀'는 사랑과 미움으로 섞여 싸우는 소리를 듣고 있다. 그러나 그 귀를 다듬으며 살아갈 때 꽃잎에 젖는 목소리도 듣게 된다. 삶의 소음이 삶에서 걷어지면 적막의 좌정 끝에 있게 되고, 기도의 마음마저 비우면 노을빛 삶의 영광을 맞는 것으로 시조의 이미지가 잘 형상화되어 있다. 누구나 갖고 사는 귀, 특히 요즈음은 좋은 소리, 사회가 밝아지는 소리, 통일의 봄빛이 온다는 소리가 그 얼마나 아쉬운 현실인가.

오동춘, 〈시조 월평〉《한국시》 1996년 1월호

둥그런 만삭 위에
장구배미 길게 눕고
해 중천 외칫길로
볏단들이 자식 같다
세상 사 이쯤 와서야
고생 끝을 느낀다

옹골진 가슴마다
채워지는 하늘이다
두둑을 캘 때마다
알갱이는 재롱 물고
당겨라 팽팽한 호미질
알찐 몸통 내 새끼들.

- 〈풍요로운 가을〉 전문

노창수의 작품 〈풍요로운 가을〉은 볏단이나 감자 알갱이에서 자식과 같은 친화감을 느끼는 시 정신의 높은 경지를 지녔다. 그러나 일부 난삽한 어구로 인하여 그 시 정신이 활짝 발휘되지 못한 면이 있다. 곧 초장 '둥그런 만삭 위에 장구배미 길게 눕고'라는 풍요로운 들판의 절경을 적실히 그려내고 있지만 '둥그런 만삭'이라는 말이 적잖이 거리적거리고 있다. 중장의 '해중천'이나 종장의 '팽팽한 호미질' 같은 시어도 익숙하게 와 닿지 않는다. 이런 시어의 낯설음이 무한한 여운의 묘미를 지닌 종장의 수발함을 잘 살려내지 못하여 아쉬움으로 남는다.

윤덕진, 노대규, 〈제16회 치악문화예술제〉 작품평, 1997. 10

둥그런 만삭 위에 / 장구배미 길게 눕고
해 중천 외칫길로 / 볏단들이 자식 같다

– 〈풍요로운 가을〉 중에서

이 시조는 농촌의 풍요로운 모습을 화자의 관조적 세계관으로 진입하여 가을 풍경을 현장감 넘치도록 묘사한 향토색 짙은 서정 시조이다. 수확의 소중함과 땀 흘린 고생의 대가로 얻은 결실에 대한 기쁨이 시조의 문면에 충만하다. 또 선택된 시어와 시적 구성에도 무리가 없고 자연스러워 좋다.

이기반, 〈시조 월평〉《한국시》 1998. 7월호

솔잎 잎 자맥질로
씻겨 우는 바람 소리

귀 열어 달려가며
마중한 고요들은

어둠 속

부끄러움으로
젖어들어 푸르다.

날리는 버들꽃 꽃
청보리 눈을 뜨고

목마름 터지고파
눈물이 넘치나니

휘어져
앓는 하늘로
풀무 잣는 소리소리.

- 〈밤비〉 전문

〈밤비〉는 고요히 내리는 밤비를 소재로 한 감각적 이미지의 민감한 형상화이다. 첫수에서 시상의 전개에 무리가 없으며 사물을 관조하는 통찰력과 표현이 새로운 분위기로 엮어져 있다. 특히 종장의 '어둠 속 부끄럼으로/ 젖어들어 푸르다'와 같은 감각은 많은 감동을 불러일으킨다.

이기반, 〈시조 월평〉《한국시》 1997. 1월호

아버지의 뜻일까
울창한 기슭 살이

소 모는 고삐 손에
노을은 감겨들고

흰 가슴 내민 기다림
소슬바람에 퉁겨 본다.

- 〈창호지〉 전문

　노창수의 〈창호지〉는 시적 상상의 세계를 고도의 이미지로 형상화하고 있다. 단수로 간결하게 노래하였으되 창호지에서 느끼는 전통적인 정서의 한 자락을 내면에 깔고 있다. 전원생활의 서경적 묘사 속에 스민 민감한 감촉이 중장에서 두드러졌거니와 종장에서 매듭짓는 야무진 솜씨에서 이 시조가 지니는 매력을 더욱 진하게 느낄 수 있다.

이기반, 〈시조 월평〉《한국시》 1996. 12월호

　그의 시가 가진 특성은 향토적 서정성을 바탕으로 한 서민적 애환이 역사의식으로 용해되어 있는 점이다. 그는 시조를 통해 가족이나 가까운 이웃이 겪은 인간적 고통의 과거 체험을 민족사적 견지로 확장하여 해석·형상화하고 있다. 그래서 시적 긴장을 견지한 탄탄한 언어적 직조, 탁월한 이미지 생성의 기법, 비유의 참신함 등의 찬사를 받고 있다.

백수인, '조대문화 50년 발자취'〈조대신문〉 2000. 5. 17. 수